경전으로 배우는 한자

MP3다운로드
청아한 독경 소리와
함께 사경을...



# 아미타경 사경 및 해설 上

아미타경은 약하여 {소경(小經)}이라고도 하는데 석존께서 사위국의 기수급고독원에서 사리불존자를 상대로 하여 설하신 법문으로서, {대무량수경}과 {관무량수경}의 뒤를 이어 두 경전의 뜻을 요약하셨다고 할 수 있으며, 극락세계의 찬란한 공덕 장엄과 그 극락에 왕생하는 길을 밝히신 경전이다. 특히 이 경전은 불자들의 아미타불에 대한 신앙을 고취시키는 경전이라고 일컬어지고 있다.

정여 스님 편저

阿

혜성출판사

# 사경 발원문

거룩하신 부처님께 발원합니다

오늘 저는 거룩하신 부처님의 가르침을 온갖 정성을 들여 사경하오니 사경 공덕으로

마음이 맑아지고 밝아져서 부처님의 위 없는 대지혜(大知慧)를 성취하게 하소서!

발원하오니 사경 공덕으로, 어리석은 마음으로 삼독심(三毒心)과 오욕락(五慾樂)으로

다겁생래에 지은 업장(業障)을 진심으로 참회하옵니다. 부처님과 보살님의

위신력으로 삼업(三業)이 맑고 청정(淸淨)해져서 하는 일마다 원만히 성취되고

선망부모님이 왕생극락하게 하옵소서!

바라옵건대 이 공덕으로 멀리 있거나 가까이 있거나 모든 사람 모든 생명에게

부처님의 자비 광명이 함께 하게 하소서!

그리고 우리 모두 성불하게 하소서!

**나무석가모니불**

**여여선원 선원장 정여 합장**

## 사경법회(寫經法會)

사경(寫經)이란 부처님의 가르침을 정성스럽게 베껴 쓰는 거룩한 행위를 말합니다. 여기서 經(경)이란 부처님께서 보리수나무 아래서 깨달음을 얻으시고 80세에 쿠시나가라 사라쌍수 아래서 열반에 드시기까지 49년간을 중생을 위하여 간절하게 설법하신 가르침입니다.

어리석은 중생이 깨달음을 얻기까지는 부처님의 가르침을 읽고 외우고 사경(寫經)함으로써 맑고 고요한 부처님 마음에 이르게 됩니다. 부처님의 말씀을 한자 한자 정성스럽게 쓰다 보면 부처님의 가르침을 보다 깊이 이해하게 되고 결국 깨달음에 이르게 되는 것입니다.

옛 스님들께서도 경전을 쓰기 위해서는 몸과 마음을 깨끗하게 하고 호흡을 가다듬고 바른 자세로 정성을 다하여 사경에 임했습니다.

### 사경의 공덕(功德)

사경(寫經)을 통해서 얻어지는 공덕(功德)은 이루 다 말할 수 없습니다. 중생의 어리석은 마음을 부처님 마음으로 돌아가게 할 것입니다.

### 첫째 - 안주의식(安住意識)

사경을 꾸준히 행하면 의식이 맑고 깨끗해지고 안정이 되어서 무슨 일이든 차분하게 일하게 되고 행동이 얌전하게 됩니다.

### 둘째 - 행자경계(行慈境界)

우리의 생각과 행동에 자비심(慈悲心)이 많아집니다.

자비심(慈悲心)이 많아지게 되면 함부로 살생을 할 수 없게 되고, 남을 위하는 부처님 마음이 배어 나오게 됩니다.

### 셋째 - 무번뇌(無煩惱)

번뇌(煩惱)가 점점 없어지게 됩니다..

마음속에 늘 복잡함이 점점 평안해지고 생각이 고요해져서 일상생활에 안정을 얻게 됩니다. 번뇌(煩惱)는 우리의 마음에서 일어나는 망념(妄念)의 그림자입니다. 마음을 쉬게 하면 자연히 생각이 맑아지고, 번뇌는 없어지는데, 이를 무번뇌(無煩惱)라고 합니다.

**넷째 - 수호제근(守護諸根)**

우리 몸에는 여섯 가지 감각기관이 있습니다. 안(眼), 이(耳), 비(鼻), 설(舌), 신(身), 의(意) 이상 여섯 가지 기관을 잘 다스리지 않으면 욕망(慾望)으로 흘러가기가 쉽습니다. 사경을 꾸준히 행(行)하다 보면 감각을 제어하고 다스리고 지킬 수 있는 힘이 생기게 됩니다.

좋고 나쁜 것에 분별심(分別心)이 없어지고 이끌림을 당하지 않게 됩니다. 눈으로 좋은 것을 보아도 취하고자 하는 욕망이 조절이 되고, 귀로는 좋고 나쁜 소리에도 분별심이 없어서 이끌리지 않게 됩니다. 귀로는 소리를 들어도 소리에 끌려 다니지 않게 됩니다. 좋은 소리, 나쁜 소리에 마음이 상하고 미움이 일어나게 마련인데 마음이 깊어지니 소리에 흔들리지 않게 됩니다. 분별(分別)과 시비(是非)를 초월한다면 얼마나 마음이 편안해지겠습니까?

몸에서 일어나는 감각을 다스리고 조절하는 힘이 생기면, 자연이 마음이 편안해져서 흔들리지 않기 때문에 점점 부처님 마음으로 다가서게 되는 것입니다.

**다섯째 - 무식희락(無食喜樂)**

사경(寫經)을 꾸준히 행하다 보면 마음이 안정되고 고요해집니다. 그러면 음식을 먹지 않아도 마음이 기쁘고 즐겁습니다. 과식을 하면 포만감 때문에 수마(睡魔)가 밀려듭니다. 그러면 정신이 혼미(昏迷)해져서 사경을 할 수가 없습니다. 담백한 음식을 소찬으로 먹어도 마음은 항상 극락세계인 것입니다.

**여섯째 - 원리애욕(遠離愛慾)**

남녀간에 육체적으로 사랑하고자 하는 음욕(淫慾)이 점점 사라져서 몸과 마음이 가을하늘처럼 맑고 깨끗하게 됩니다. 세상을 살아가면 욕망(慾望) 때문에 어려운 지경에 처하는 경우를 주변에서 봅니다.

산중(山中)에서 수도(修道)하며 조용히 살고 싶은 생각은 있어도 산중에 머물지 못하는 것은 애욕(愛慾)에 얽힌 것이라고 초심에 나와 있습니다. 욕망(慾望)을 버리기가 그리 쉬운 일은 아니지만 꾸준히 참선을 행하다 보면 몸과 마음이 가벼워지고, 욕망으로 이끌리는 마음이 점점 없어지고, 맑고 깨끗한 하늘처럼 마음이 맑고 순순하게 되는 것입니다.

**일곱 번째 - 해탈견마(解脫羂魔)**

갖가지 마구니의 경계가 없어지게 됩니다.

우리 생각 속에는 갖가지 장애(障碍)가 일어나고 있습니다. 여러 가지 욕망(慾望)과 욕심(慾心) 그리고 중도에서 포기하고자 하는 나약한 마음이 일어나는 것이나, 정진을 방해(妨害)하는 갖가지 번뇌(煩惱)가 전부 마구니의 경계인 것입니다.

마음이 고요해지면 번뇌가 사라지고 마음은 점점 안정되어 주변 경계에 흔들리지 않습니다. 때문에 마경(魔境)에 침해를 받지 않고 마음이 점점 걸림 없는 맑은 경계에 머물게 되는 것입니다.

**여덟 번째 - 안색광명(顔色光明)**

마음이 맑고 고요해지고 안정이 되면 환희심(歡喜心)이 나게 되고, 얼굴이 맑고 광명이 나게 됩니다.

**아홉 번째 - 안주불경(安住佛境)**

부처님처럼 번뇌(煩惱)가 없고 마구니를 항복받으면 일체가 고요한 열반(涅槃)의 경계에 편안히 안주(安住)합니다.

**사경 방법**

1. 먼저 몸과 마음을 맑고 청정하게 합니다.
2. 자세를 바르게 합니다.
3. 호흡을 깊고 고요하게 안정된 호흡을 합니다.
4. 향로에 향을 사르고 합니다.
5. 불자나 불상을 모신 앞에서 사경을 하면 더 효과적입니다.
6. 일 자(一字) 일 배(一拜)란 한 글자 쓰고 한 번 절하면서 사경(寫經)을 합니다. 스님들께서는 정성을 들여 일 자 삼 배의 정성으로 사경을 하기도 합니다.

**사경 도구**

1. 붓을 사용하면 정성이 들어갑니다.
2. 만년필이나 펜 그리고 연필로 써도 됩니다. 가능하면 작은 붓을 준비하고, 먹을 갈아 쓰면 보다 좋은 사경이 됩니다.

# 佛說阿彌陀經
# 불설아미타경

如是我聞하사오니 一時에 佛이 在舍衛國祇樹給孤獨園하사 與大比丘僧千
여시아문 일시 불 재사위국기수급고독원 여대비구승천

二百五十人으로 俱러시니 皆是大阿羅漢이니 衆所知識이라 長老舍利弗과
이백오십인 구 개시대아라한 중소지식 장로사리불

摩訶目犍連과 摩訶迦葉과 摩訶迦旃延과 摩訶俱絺羅와 離婆多와 周利槃陀
마하목건련 마하가섭 마하가전연 마하구치라 리바다 주리빈타

伽와 難陀와 阿難陀와 羅睺羅와 憍梵波提와 賓頭盧頗羅墮와 迦留陀夷와
가 난타 아난타 라후라 교범바제 빈두루파라타 가류타이

摩訶劫賓那와 薄拘羅와 阿㝹樓馱如是等諸大弟子며 竝諸菩薩摩訶薩인
마하겁빈나 박구라 아누루타여시등제대제자 병제보살마하살

文殊師利法王子와 阿逸多菩薩과 乾陀訶提菩薩과 常精進菩薩 與如是等諸
문수사리법왕자 아일다보살 건타하제보살 상정진보살 여여시등제

大菩薩과 及釋提桓因等無量諸天大衆으로 俱러시다
대보살 급석제환인등무량제천대중 구

爾時에 佛告長老舍利弗하사대 從是西方으로 過十萬億佛土하여 有世界하니
이시 불고장로사리불 종시서방 과십만억불토 유세계

名曰極樂이요 其土에 有佛하시니 號阿彌陀시라 今現在說法하시나니라 舍利
명왈극락 기토 유불 호아미타 금현재설법 사리

弗아 彼土를 何故로 名爲極樂이어뇨 其國衆生이 無有衆苦하고 但受諸樂
불 피토 하고 명위극락 기국중생 무유중고 단수제락

일새 故名極樂이니라 又舍利弗아 極樂國土에 七重欄楯과 七重羅網과 七重
고명극락 우사리불 극락국토 칠중난순 칠중나망 칠중

行樹와 皆是四寶로 周匝圍繞할새 是故로 彼國을 名曰極樂이니라 又舍利
행수 개시사보 주잡위요 시고 피국 명왈극락 우사리

弗아 極樂國土에 有七寶池하고 八功德水가 充滿其中하고 池底는 純以金沙
불 극락국토 유칠보지 팔공덕수 충만기중 지저 순이금사

로 布地하며 四邊階道는 金 銀 瑠璃 玻瓈로 合成하고 上有樓閣하되 亦以
포지 사변계도 금 은 유리 파려 합성 상유누각 역이

金 銀 瑠璃 玻瓈 硨磲赤珠瑪瑙로 而嚴飾之하며 池中蓮華는 大如車輪
금 은 유리 파려 자거적주마노 이엄식지 지중연화 대여거륜

하야 青色青光이며 黃色黃光이며 赤色赤光이며 白色白光이라 微妙
청색청광 황색황광 적색적광 백색백광 미묘

香潔하나니 舍利弗아 極樂國土에 成就如是功德莊嚴하니라
향결 사리불 극락국토 성취여시공덕장엄

又舍利弗아 彼佛國土에 常作天樂하며 黃金爲地하고 晝夜六時로 天雨曼荼
우사리불 피불국토 상작천악 황금위지 주야육시 천우만다

羅華어든 其國衆生이 常以淸旦에 各以衣祴으로 盛衆妙華하야 供養他方十
라화 기국중생 상이청단 각이의극 성중묘화 공양타방십

萬億佛하고 卽以食時에 還到本國하여 飯食經行하나니 舍利弗아 極樂國土
만억불 즉이식시 환도본국 반사경행 사리불 극락국토

成就如是功德莊嚴하니라
성취여시공덕장엄

復次舍利弗아 彼國에 常有種種奇妙雜色之鳥하되 白鶴孔雀鸚鵡 舍利迦陵
부차사리불 피국 상유종종기묘잡색지조 백학공작앵무 사리가릉

頻伽共命 之鳥라 是諸衆鳥는 晝夜六時로 出和雅音하되 其音이 演暢五根
빈가공명 지조 시제중조 주야육시 출화아음 기음 연창오근

五力과 七菩提分과 八聖道分如是等法이어든 其土衆生이 聞是音已에 皆悉
오력 칠보리분 팔성도분여시등법 기토중생 문시음이 개실

念佛 念法 念僧하나니
염불 염법 염승

舍利弗아 汝勿謂此鳥를 實是罪報所生이라하라
사리불 여물위차조 실시죄보소생

所以者何오 彼佛國土에 無三惡道니라 舍利弗아 其佛國土에 尙無三惡道之
소이자하 피불국토 무삼악도 사리불 기불국토 상무삼악도지

名이온 何況有實가 是諸衆鳥는 皆是阿彌陀佛이 欲令法音을 宣流하사 變化
지명 하황유실 시제중조 개시아미타불 욕영법음 선류 변화

所作이시니라 舍利弗아 彼佛國土에 微風이 吹動하면 諸寶行樹와 及 寶羅
소작 사리불 피불국토 미풍 취동 제보행수 급 보라

網에 出微妙音하되 譬如百千種樂을 同時俱作이어든 聞是音者는 自然皆生
망 출미묘음 비여백천종악 동시구작 문시음자 자연개생

念佛 念法 念僧之心하나니
염불 염법 염승지심

舍利弗아 其佛國土에 成就如是功德莊嚴이니라 舍利弗아 於汝意云何오
사리불 기불국토 성취여시공덕장엄 사리불 어여의운하

彼佛을 何故로 號阿彌陀시뇨 舍利弗아 彼佛光明이 無量하사 照十方國하사
피불 하고 호아미타 사리불 피불광명 무량 조시방국

되 無所障碍일새 是故로 號爲阿彌陀이니라
무소장애 시고 호위아미타

又舍利弗아 彼佛壽命과 及其人民이 無量無邊阿僧祇劫일새 故名阿彌陀시니
우사리불 피불수명 급기인민 무량무변아승지겁 고명아미타

舍利弗아 阿彌陀弗이 成佛以來로 於今十劫이시니다 又舍利弗아 彼佛이
사리불 아미타불 성불이래 어금십겁 우사리불 피불

有無量無邊聲聞弟子하시니 皆阿羅漢이라 非是算數之所能知며 諸菩薩衆도
유무량무변성문제자 개아라한 비시산수지소능지 제보살중

亦復如是하느니 舍利弗아 彼佛國土에 成就如是功德莊嚴하니라 又舍利弗아
역부여시 사리불 피불국토 성취여시공덕장엄 우사리불

極樂國土에 衆生生者는 皆是阿鞞跋致라 其中에 多有一生補處하야 其數甚
극락국토 중생생자 개시아비발치 기중 다유일생보처 기수심

多하며 非是算數의 所能知之요 但可以無量無邊阿僧祇說이니라 舍利弗아
다 비시산수 소능지지 단가이무량무변아승지설 사리불

衆生聞者는 應當發願하야 願生彼國이니 所以者何오 得與如是諸上善人으로
중생문자 응당발원 원생피국 소이자하 득여여시제상선

俱會一處일새니라
구회일처

舍利弗아 不可以少善根福德因緣으로 得生彼國이니 舍利弗아 若有善男子善
사리불 불가이소선근복덕인연 득생피국 사리불 약유선남자선

女人이 聞說阿彌陀佛하고 執持名號하되 若一日 若二日 若三日 若四日
여인 문설아미타불 집지명호 약일일 약이일 약삼일 약사일

若五日 若六日 若七日을 一心不亂하면 其人이 臨命終時에 阿彌陀佛이
약오일 약육일 약칠일 일심불란 기인 임명종시 아미타불

與諸聖衆으로 現在其前하시니라 是人終時에 心不顚倒하며 卽得往生하되
여제성중 현재기전 시인종시 심불전도 즉득왕생

阿彌陀佛의 極樂國土하나니라 舍利弗아 我見是利일새 故說此言하노니 若
아미타불 극락국토 사리불 아견시리 고설차언 약

有衆生이 聞是說者는 應當發願하야 生彼國土하니라 舍利弗아 如我今者에
유중생 문시설자 응당발원 생피국토 사리불 여아금자

讚嘆阿彌陀佛不可思議功德之利하야 東方에도 亦有阿閦鞞佛과 須彌相佛과
찬탄아미타불불가사의공덕지리 동방 역유아촉비불 수미상불

大須彌佛과 須彌光佛과 妙音佛과 如是等恒河沙數諸佛하사 各於其國에
대수미불 수미광불 묘음불 여시등항하사수제불 각어기국

出廣長舌相하사 遍覆三千大千世界하사 說誠實言하시니 汝等衆生은 當信是
출광장설상 변부삼천대천세계 설성실언 여등중생 당신시

稱讚不可思議功德이니 一切諸佛의 所護念經이니라
칭찬불가사의공덕 일체제불 소호념경

舍利弗아 南方世界도 有日月燈佛과 名聞光佛과 大焰肩佛과 須彌燈佛과
사리불 남방세계 유일월등불 명문광불 대염견불 수미등불

無量精進佛과 如是等恒河沙數諸佛이 各於其國에 出廣長舌相하사 遍覆三
무량정진불 여시등항하사수제불 각어기국 출광장설상 변부삼

千大千世界 하사 說誠實言하시나니 汝等衆生이 當信是稱讚不可思議功德이
천대천세계 설성실언 여등중생 당신시칭찬불가사의공덕

니 一切諸佛의 所護念經이니라 舍利弗아 西方世界에도 有無量壽佛과 無量
일체제불 소호념경 사리불 서방세계 유무량수불 무량

相佛과 無量幢佛과 大光佛과 大明佛과 寶相佛과 淨光佛과 如是等恒河沙數
상불 무량당불 대광불 대명불 보상불 정광불 여시등항하사수

諸佛이 各於其國에 出廣長舌相하사 遍覆三千大千世界하사 說誠實言하시나
제불 각어기국 출광장설상 변부삼천대천세계 설성실언

니 汝等衆生이 當信是稱讚不可思議 功德이니 一切諸佛의 所護念經이니라
여등중생 당신시칭찬불가사의 공덕 일체제불 소호념경

舍利弗아 北方世界에 有焰肩佛과 最勝音佛과 難沮佛과 日生佛과 網明佛과
사리불 북방세계 유염견불 최승음불 난저불 일생불 망명불

如是等恒河沙數諸佛이 各於其國에 出廣長舌相하사 遍覆三千大千世界하사
여시등항하사수제불 각어기국 출광장설상 변부삼천대천세계

說誠實言하시나니 汝等衆生이 當信是稱讚不可思議功德이니 一切諸佛의
설성실언 여등중생 당신시칭찬불가사의공덕 일체제불

所護念經이니라
소호념경

舍利弗아 下方世界에 有獅子佛과 名聞佛과 名光佛과 達摩佛과 法幢佛과
사리불 하방세계 유사자불 명문불 명광불 달마불 법당불

持法佛과 如是等恒河沙數諸佛이 各於其國에 出廣長舌相하사 遍覆三千大
지법불 여시등항하사수제불 각어기국 출광장설상 변부삼천대

千世界하사 說誠實言하나니 汝等衆生이 當信是稱讚不可思議功德이니 一切
천세계 설성실언 여등중생 당신시칭찬불가사의공덕 일체

諸佛의 所護念經이니라
제불 소호념경

舍利弗아 上方世界에 有梵音佛과 宿王佛과 香上佛과 香光佛과 大焰肩佛과
사리불 상방세계 유범음불 숙왕불 향상불 향광불 대염견불

雜色寶華嚴身佛과 娑羅樹王佛과 寶華德佛과 見一切義佛과 如須彌山佛과
잡색보화엄신불 사라수왕불 보화덕불 견일체의불 여수미산불

如是等恒河沙數諸佛하사 各於其國에 出廣長舌相하사 遍覆三千大千世界
여시등항하사수제불 각어기국 출광장설상 변부삼천대천세계

하사 說誠實言하시나니 汝等衆生이 當信是稱讚不可思議功德이니 一切諸佛
설성실언 여등중생 당신시칭찬불가사의공덕 일체제불

의 所護念經이니라
소호념경

舍利弗아 於汝意云何오 何故로 名爲一切諸佛의 所護念經고 舍利弗아 若有
사리불 어여의운하 하고 명위일체제불 소호념경 사리불 약유

善男子善女人이 聞是經하고 受持者와 及聞諸佛名者는 是諸善男子善女人이
선남자선여인 문시경 수지자 급문제불명자 시제선남자선여인

皆爲一切 諸佛共所護念하야 皆得不退轉於阿耨多羅三藐三菩提하리니 是故
개위일체제불공소호념 개득불퇴전어아뇩다라삼먁삼보리 시고

로 舍利弗아 汝等이 皆當信受我語와 及諸佛所說이니라
사리불 여등 개당신수아어 급제불소설

舍利弗아 若有人이 已發願커나 今發願커나 當發願하야 欲生阿彌陀佛國者
사리불 약유인 이발원 금발원 당발원 욕생아미타불국자

는 是諸人等이 皆得不退轉於阿耨多羅三藐三菩提하여 於彼國土에 若已生
시제인등 개득불퇴전어아뇩다라삼먁삼보리 어피국토 약이생

커나 若今生커나 若當生하나니 是故로 舍利弗아 諸善男子善女人이 若有
약금생 약당생 시고 사리불 제선남자선여인 약유

信者는 應當發願하여 生彼國土니라 舍利弗아 如我今者에 稱讚諸佛不可思
신자 응당발원 생피국토 사리불 여아금자 칭찬제불불가사

議功德인듯하야 彼諸佛等도 亦稱說我不可思議功德하사 而作是言하사대
의공덕 피제불등 역칭설아불가사의공덕 이작시언

釋迦牟尼佛이 能爲甚難希有之事하사 能於娑婆國土五濁惡世 劫濁 見濁
석가모니불 능위심난희유지사 능어사바국토오탁악세 겁탁 견탁

煩惱濁 衆生濁 命濁中에 得阿耨多羅三藐三菩提하사 爲諸衆生하사 說是一
번뇌탁 중생탁 명탁중 득아뇩다라삼먁삼보리 위제중생 설시일

切世間難信之法이라하시나니라
체세간난신지법

舍利弗아 當知하라 我於五濁惡世에 行此難事하여 得阿耨多羅三藐三菩提
사리불 당지 아어오탁악세 행차난사 득아뇩다라삼먁삼보리

하여 爲一切世間하여 說此難信之法이 是爲甚難이니라
위일체세간 설차난신지법 시위심난

佛說此經已이어늘 舍利弗과 及諸比丘와 一切世間 天人 阿修羅等이 聞佛所
불설차경이 사리불 급제비구 일체세간 천인 아수라등 문불소

說하시고 歡喜信受하고 作禮而去하니라
설 환희신수 작례이거

| 佛 | 說 | 阿 | 彌 | 陀 | 經 | 如 | 是 | 我 | 聞 |
|---|---|---|---|---|---|---|---|---|---|
| 님 불 | 말씀 설 | 언덕 아 | 그칠 미 | 비탈질 타 | 경서 경 | 같을 여 | 이 시 | 나 아 | 들을 문 |
| 7획 | 言 14획 | 阝 8획 | 弓 17획 | 阝 8획 | 糸 13획 | 女 6획 | 日 9획 | 戈 7획 | 耳 14획 |
| 佛 | 說 | 阿 | 彌 | 陀 | 經 | 如 | 是 | 我 | 聞 |
| 佛 | 說 | 阿 | 彌 | 陀 | 經 | 如 | 是 | 我 | 聞 |
| 佛 | 說 | 阿 | 彌 | 陀 | 經 | 如 | 是 | 我 | 聞 |

- **佛說阿彌陀經**(불설아미타경) : 무량수경, 관무량수경, 아미타경을 淨土部三經(정토부삼경)이라 한다. 불설아미타경은 그 중 하나이다.
- **如是我聞**(여시아문) : 나는 이와 같이 들었다.

| 一 | 時 | 佛 | 在 | 舍 | 衛 | 國 | 祇 | 樹 | 給 |
|---|---|---|---|---|---|---|---|---|---|
| 한 일 | 때 시 | 부처님 불 | 있을 재 | 집 사 | 호위할 위 | 나라 국 | 지신 기 | 나무 수 | 족할 급 |
| 一 1획 | 日 10획 | 亻 7획 | 土 6획 | 舌 8획 | 行 15획 | 口 10획 | 示 9획 | 木 16획 | 糸 12획 |
| 一 | 時 | 佛 | 在 | 舍 | 衛 | 國 | 祇 | 樹 | 給 |
| 一 | 時 | 佛 | 在 | 舍 | 衛 | 國 | 祇 | 樹 | 給 |
| 一 | 時 | 佛 | 在 | 舍 | 衛 | 國 | 祇 | 樹 | 給 |
| | | | | | | | | | |
| | | | | | | | | | |
| | | | | | | | | | |
| | | | | | | | | | |
| | | | | | | | | | |
| | | | | | | | | | |

▶ **一時 佛 在舍衛國 祇樹給孤獨園**(일시 불 재사위국 기수급고독원) : 어느 때 부처님은 사위국 기수급고독원에 계셨다.

| 孤 | 獨 | 園 | 與 | 大 | 比 | 丘 | 僧 | 千 | 二 |
|---|---|---|---|---|---|---|---|---|---|
| 외로울 고 | 홀로 독 | 동산 원 | 더불어 여 | 큰 대 | 비교할 비 | 언덕 구 | 승려 승 | 일천 천 | 두 이 |
| 子 8획 | 大 16획 | 口 13획 | 臼 14획 | 大 3획 | 比 4획 | 一 5획 | 人 14획 | 十 2획 | 二 2획 |
| 孤 | 獨 | 園 | 與 | 大 | 比 | 丘 | 僧 | 千 | 二 |
| 孤 | 獨 | 園 | 與 | 大 | 比 | 丘 | 僧 | 千 | 二 |
| 孤 | 獨 | 園 | 與 | 大 | 比 | 丘 | 僧 | 千 | 二 |
| | | | | | | | | | |
| | | | | | | | | | |
| | | | | | | | | | |
| | | | | | | | | | |
| | | | | | | | | | |
| | | | | | | | | | |

▶ **與大比丘僧 千二百五十人俱 皆是 大阿羅漢**(여대비구승 천이백오십인구 개시 대아라한) : 덕이 높은 큰 아라한으로, 천이백오십 인이 함께 부처님을 모시고 있었는데.

| 百 | 五 | 十 | 人 | 俱 | 皆 | 是 | 大 | 阿 | 羅 |
|---|---|---|---|---|---|---|---|---|---|
| 일백 백 | 다섯 오 | 열 십 | 사람 인 | 함께 구 | 다 개 | 이 시 | 큰 대 | 언덕 아 | 벌릴 라 |
| 白 6획 | 二 4획 | 十 2획 | 人 2획 | 人 10획 | 白 9획 | 日 9획 | 大 3획 | 阝 8획 | 罒 19획 |
| 百 | 五 | 十 | 人 | 俱 | 皆 | 是 | 大 | 阿 | 羅 |
| 百 | 五 | 十 | 人 | 俱 | 皆 | 是 | 大 | 阿 | 羅 |
| 百 | 五 | 十 | 人 | 俱 | 皆 | 是 | 大 | 阿 | 羅 |
| | | | | | | | | | |
| | | | | | | | | | |
| | | | | | | | | | |
| | | | | | | | | | |
| | | | | | | | | | |
| | | | | | | | | | |

☞ 阿羅漢(아라한) : 부처님의 가르침을 듣고 그 가르침대로 수행하여 해탈에 도달한 소승불교의 성자이다. 또는 마땅히 존경받아야 할 성자라는 의미에서 '應供(응공)' 이라고 한다.

| 漢 | 衆 | 所 | 知 | 識 | 長 | 老 | 舍 | 利 | 弗 |
| --- | --- | --- | --- | --- | --- | --- | --- | --- | --- |
| 한수 **한** | 무리 **중** | 바 **소** | 알 **지** | 알 **식** | 길 **장** | 늙을 **로** | 집 **사** | 이로울 **리** | 아닐 **불** |
| 水(氵) 14획 | 血 12획 | 戶 8획 | 矢 8획 | 言 19획 | 長 8획 | 老 6획 | 舌 8획 | 刀(刂) 7획 | 弓 5획 |
| 漢 | 衆 | 所 | 知 | 識 | 長 | 老 | 舍 | 利 | 弗 |
| 漢 | 衆 | 所 | 知 | 識 | 長 | 老 | 舍 | 利 | 弗 |
| 漢 | 衆 | 所 | 知 | 識 | 長 | 老 | 舍 | 利 | 弗 |
| | | | | | | | | | |
| | | | | | | | | | |
| | | | | | | | | | |
| | | | | | | | | | |
| | | | | | | | | | |
| | | | | | | | | | |

▶ **衆所知識 長老 舍利弗 摩訶目犍連**(중소지식 장로 사리불 마하목건련) : 널리 여러 사람들에게 알려진 선지식들이다.

☞ 目犍連(목건련) : 부처님의 10대 제자 중의 하나로, 新通第一(신통제일)이다. 사리불과 함께 부처님의 쌍수제자로 불리우는 그는 신통력으로 많은 중생을 교화하였으나 그에게 적의를 품은 외도들에게 피살되었다고 한다.

| 摩 | 訶 | 目 | 犍 | 連 | 摩 | 訶 | 迦 | 葉 | 摩 |
|---|---|---|---|---|---|---|---|---|---|
| 갈 마 | 마하 하(가) | 눈 목 | 불깐소 건 | 이을 련 | 갈 마 | 마하 하(가) | 부처이름 가 | 성 섭 | 갈 마 |
| 手 15획 | 言 12획 | 目 5획 | 牛 13획 | 辶 11획 | 手 15획 | 言 12획 | 辶 9획 | 艸(艹) 13획 | 手 15획 |
| 摩 | 訶 | 目 | 犍 | 連 | 摩 | 訶 | 迦 | 葉 | 摩 |
| 摩 | 訶 | 目 | 犍 | 連 | 摩 | 訶 | 迦 | 葉 | 摩 |
| 摩 | 訶 | 目 | 犍 | 連 | 摩 | 訶 | 迦 | 葉 | 摩 |
| | | | | | | | | | |
| | | | | | | | | | |
| | | | | | | | | | |
| | | | | | | | | | |
| | | | | | | | | | |
| | | | | | | | | | |

▶ 摩訶迦葉 摩訶迦旃延(마하가섭 마하가전연) : 가섭과 가전연.

☞ 迦葉(가섭) : 부처님의 십대 제자 가운데 한 분으로 頭陀(두타) 제일이다.

☞ 迦旃延(가전연) : 부처님의 십대 제자 가운데 한 분으로 論議(논의)제일이다. 서인도 출신으로 10대 제자 가운데 출가 시기가 비교적 늦다. 서인도 지방의 開校(개교)에 큰 공을 세웠다. 가전연은 인도 변방에 이르기까지 곳곳을 다니며 교화활동을 했고, 특히 教義(교의)에 대한 논의를 펴는 데 가장 뛰어난 능력을 지녔다.

| 訶 | 迦 | 旃 | 延 | 摩 | 訶 | 俱 | 絺 | 羅 | 離 |
|---|---|---|---|---|---|---|---|---|---|
| 마하 하(가) | 부처이름 가 | 기 전 | 끌 연 | 갈 마 | 마하 하(가) | 함께 구 | 가는갈포 치 | 벌릴 라 | 떠날 리 |
| 言 12획 | 辶 9획 | 方 10획 | 廴 7획 | 手 15획 | 言 12획 | 人 10획 | 糸 13획 | 罒 19획 | 隹 19획 |
| 訶 | 迦 | 旃 | 延 | 摩 | 訶 | 俱 | 絺 | 羅 | 離 |
| 訶 | 迦 | 旃 | 延 | 摩 | 訶 | 俱 | 絺 | 羅 | 離 |
| 訶 | 迦 | 旃 | 延 | 摩 | 訶 | 俱 | 絺 | 羅 | 離 |

▶ **摩訶俱絺羅 離婆多**(마하구치라 리바다) : 구치라와 리바다.

☞ 俱絺羅(구치라) : 변재가 뛰어난 問答(문답) 제일이다.

☞ 離婆多(리바다) : 부처님의 제자.

| 婆 | 多 | 周 | 利 | 槃 | 陀 | 伽 | 難 | 陀 | 阿 |
|---|---|---|---|---|---|---|---|---|---|
| 사바하 바 | 많을 다 | 두루 주 | 이로울 리 | 쟁반 반 | 비탈질 타 | 절 가 | 어려울 난 | 비탈질 타 | 언덕 아 |
| 女 11획 | 夕 6획 | 口 8획 | 刀(刂) 7획 | 木 14획 | 阝 8획 | 人 7획 | 隹 19획 | 阝 8획 | 阝 8획 |
| 婆 | 多 | 周 | 利 | 槃 | 陀 | 伽 | 難 | 陀 | 阿 |
| 婆 | 多 | 周 | 利 | 槃 | 陀 | 伽 | 難 | 陀 | 阿 |
| 婆 | 多 | 周 | 利 | 槃 | 陀 | 伽 | 難 | 陀 | 阿 |
| | | | | | | | | | |
| | | | | | | | | | |
| | | | | | | | | | |
| | | | | | | | | | |
| | | | | | | | | | |
| | | | | | | | | | |

▶ 周利槃陀伽 難陀 阿難陀(주리반타가 난타 아난타) : 주리반타가와 난타와 아난타.

☞ 周利槃陀伽(주리반타가) : 부처님의 십대 제자 가운데 가장 우둔하다. 하지만 스스로 노력으로 부처님의 가피를 입어 아라한이 되었다.

☞ 難陀(난타) : 부처님의 이복동생.

☞ 阿難陀(아난타) : 부처님의 십대 제자 가운데 한 사람으로 多聞(다문) 제일이다.

| 難 | 陀 | 羅 | 睺 | 羅 | 憍 | 梵 | 波 | 提 | 賓 |
|---|---|---|---|---|---|---|---|---|---|
| 어려울 난 | 비탈질 타 | 벌릴 라 | 애꾸눈 후 | 벌릴 라 | 교만할 교 | 범어 범 | 사바하 바 | 끌 제 | 손 빈 |
| 隹 19획 | 阝 8획 | 罒 19획 | 目 14획 | 罒 19획 | 心 15획 | 木 11획 | 水(氵) 8획 | 手(扌) 12획 | 貝 14획 |
| 難 | 陀 | 羅 | 睺 | 羅 | 憍 | 梵 | 波 | 提 | 賓 |
| 難 | 陀 | 羅 | 睺 | 羅 | 憍 | 梵 | 波 | 提 | 賓 |
| 難 | 陀 | 羅 | 睺 | 羅 | 憍 | 梵 | 波 | 提 | 賓 |
| | | | | | | | | | |
| | | | | | | | | | |
| | | | | | | | | | |
| | | | | | | | | | |
| | | | | | | | | | |
| | | | | | | | | | |

▶ **羅睺羅 憍梵婆提**(라후라 교범바제) : 라후라와 교범바제.

☞ 羅睺羅(라후라) : 부처님의 아들로서 십대 제자 가운데 한 사람이다. 密行(밀행) 제일이다.

☞ 憍梵波提(교범바제) : 부처님의 십대 제자 가운데 한 사람으로, 解律(해율) 제일이다.

* 波(바) : 한자음으로는 '물결 파' 이다.

| 頭 | 盧 | 頗 | 羅 | 墮 | 迦 | 留 | 陀 | 夷 | 摩 |
|---|---|---|---|---|---|---|---|---|---|
| 머리 두 | 검을 로 | 치우칠 파 | 벌릴 라 | 떨어질 타 | 부처이름 가 | 머무를 류 | 비탈질 타 | 오랑캐 이 | 갈 마 |
| 頁 16획 | 皿 16획 | 頁 14획 | 罒 19획 | 土 15획 | 辶 9획 | 田 10획 | 阝 8획 | 大 6획 | 手 15획 |
| 頭 | 盧 | 頗 | 羅 | 墮 | 迦 | 留 | 陀 | 夷 | 摩 |
| 頭 | 盧 | 頗 | 羅 | 墮 | 迦 | 留 | 陀 | 夷 | 摩 |
| 頭 | 盧 | 頗 | 羅 | 墮 | 迦 | 留 | 陀 | 夷 | 摩 |

▶ **賓頭盧頗羅墮 迦留陀夷 摩訶劫賓羅**(빈두로파라타 가류타이 마하겁빈나) : 빈두로파라타와 가류타이와 겁빈나.

☞ 賓頭盧頗羅墮(빈두로파라타) : 부처님의 제자로 十六羅漢(16나한)의 한 사람이다.

☞ 迦留陀夷(가류타이) : 부처님의 제자로 살갗이 검다 하여 黑曜(흑요), 黑光(흑광)이라고 한다.

☞ 劫賓羅(겁빈나) : 부처님의 제자로 知星(지성) 제일이다.

| 訶 | 劫 | 賓 | 那 | 薄 | 拘 | 羅 | 阿 | 㝹 | 樓 |
|---|---|---|---|---|---|---|---|---|---|
| 사바하 **하** | 겁 **겁** | 손 **빈** | 어찌 **나** | 엷을 **박** | 잡을 **구** | 벌릴 **라** | 언덕 **아** | 아누루타 **누** | 다락 **루** |
| 言 12획 | 力 7획 | 貝 14획 | 阝 7획 | 艸(艹) 16획 | 手 8획 | 罒 7획 | 阝 8획 | 小 11획 | 木 15획 |
| 訶 | 劫 | 賓 | 那 | 薄 | 拘 | 羅 | 阿 | 㝹 | 樓 |
| 訶 | 劫 | 賓 | 那 | 薄 | 拘 | 羅 | 阿 | 㝹 | 樓 |
| 訶 | 劫 | 賓 | 那 | 薄 | 拘 | 羅 | 阿 | 㝹 | 樓 |
|  |  |  |  |  |  |  |  |  |  |
|  |  |  |  |  |  |  |  |  |  |
|  |  |  |  |  |  |  |  |  |  |
|  |  |  |  |  |  |  |  |  |  |
|  |  |  |  |  |  |  |  |  |  |
|  |  |  |  |  |  |  |  |  |  |

▶ **縛拘羅 阿㝹樓駄 如是等 諸大弟子**(박구라 아누루타 여시등 제대제자) : 박구라, 아누루타 등의 여러 제자들.

☞ 縛拘羅(박구라) : 부처님의 제자 가운데 한 사람으로, 長壽(장수) 제일이다.

☞ 阿㝹樓駄(아누루타) : 부처님의 십대 제자 가운데 한 사람으로, 天眼(천안) 제일이다.

| 馱 | 如 | 是 | 等 | 諸 | 大 | 弟 | 子 | 竝 | 諸 |
|---|---|---|---|---|---|---|---|---|---|
| 짐실을 **태(타)** | 같을 **여** | 이 **시** | 무리 **등** | 모두 **제** | 큰 **대** | 아우 **제** | 아들 **자** | 아우를 **병** | 모두 **제** |
| 馬 14획 | 女 6획 | 日 9획 | 竹 12획 | 言 16획 | 大 3획 | 弓 7획 | 子 3획 | 立 10획 | 言 16획 |
| 馱 | 如 | 是 | 等 | 諸 | 大 | 弟 | 子 | 竝 | 諸 |
| 馱 | 如 | 是 | 等 | 諸 | 大 | 弟 | 子 | 竝 | 諸 |
| 馱 | 如 | 是 | 等 | 諸 | 大 | 弟 | 子 | 竝 | 諸 |
|  |  |  |  |  |  |  |  |  |  |
|  |  |  |  |  |  |  |  |  |  |
|  |  |  |  |  |  |  |  |  |  |
|  |  |  |  |  |  |  |  |  |  |
|  |  |  |  |  |  |  |  |  |  |
|  |  |  |  |  |  |  |  |  |  |

▶ **疊 諸菩薩摩訶薩 文殊師利法王子**(병 제보살마하살 문수사리법왕자) : 그리고 모든 보살마하살들과 문수사리법왕자.

☞ 菩薩摩訶薩(보살마하살) : 大有情(대유정), 覺有情(각유정)이라고 한다. 보살은 깨달음을 구하는 사람으로서, 위로는 부처님의 진리를 구하고 아래로는 중생을 교화하는 대승불교의 수도자를 말한다. 자세히는 菩提薩埵摩訶薩埵(보리살타마하살타)라 음역한다.

| 菩 | 薩 | 摩 | 訶 | 薩 | 文 | 殊 | 師 | 利 | 法 |
|---|---|---|---|---|---|---|---|---|---|
| 보살 보 | 보살 살 | 갈 마 | 마하 하 | 보살 살 | 글월 문 | 다를 수 | 스승 사 | 이로울 리 | 법 법 |
| 艸(++) 12획 | 艸(++) 18획 | 手 15획 | 言 12획 | 艸(++) 18획 | 文 4획 | 歹 10획 | 巾 10획 | 刀(刂) 7획 | 水(氵) 8획 |
| 菩 | 薩 | 摩 | 訶 | 薩 | 文 | 殊 | 師 | 利 | 法 |
| 菩 | 薩 | 摩 | 訶 | 薩 | 文 | 殊 | 師 | 利 | 法 |
| 菩 | 薩 | 摩 | 訶 | 薩 | 文 | 殊 | 師 | 利 | 法 |
| | | | | | | | | | |
| | | | | | | | | | |
| | | | | | | | | | |
| | | | | | | | | | |
| | | | | | | | | | |
| | | | | | | | | | |

☞ 文殊師利法王子(문수사리법왕자) : 文殊菩薩(문수보살)과 같은 말로, 청정한 부처님의 지혜를 나타내는 보살이다. '법왕자' 는 법왕, 곧 부처님의 아들이라는 뜻으로, 문수보살을 부처님의 아들에 비유한 것이다.

| 王 | 子 | 阿 | 逸 | 多 | 菩 | 薩 | 乾 | 陀 | 訶 |
|---|---|---|---|---|---|---|---|---|---|
| 임금 **왕** | 아들 **자** | 언덕 **아** | 숨을 **일** | 많을 **다** | 보살 **보** | 보살 **살** | 하늘 **건** | 비탈질 **타** | 사바하 **하** |
| 玉 4획 | 子 3획 | 阝 8획 | 辶 12획 | 夕 6획 | 艸(艹) 12획 | 艸(艹) 18획 | 乙 11획 | 阝 8획 | 言 12획 |
| 王 | 子 | 阿 | 逸 | 多 | 菩 | 薩 | 乾 | 陀 | 訶 |
| 王 | 子 | 阿 | 逸 | 多 | 菩 | 薩 | 乾 | 陀 | 訶 |
| 王 | 子 | 阿 | 逸 | 多 | 菩 | 薩 | 乾 | 陀 | 訶 |
| | | | | | | | | | |
| | | | | | | | | | |
| | | | | | | | | | |
| | | | | | | | | | |
| | | | | | | | | | |
| | | | | | | | | | |

▶ **阿逸多菩薩 乾陀訶提菩薩 常精進菩薩**(아일다보살 건타하제보살 상정진보살) : 아일다보살과 건타하제보살과 상정진보살 등.

☞ 阿逸多(아일다) : 미륵보살을 뜻한다.

☞ 乾陀訶提(건타하제) : 香象(향상)보살이라고 한다.

☞ 常精進菩薩(상정진보살) : 항상 정진하는 보살이다.

| 提 | 菩 | 薩 | 常 | 精 | 進 | 菩 | 薩 | 與 | 如 |
|---|---|---|---|---|---|---|---|---|---|
| 들 제 | 보살 보 | 보살 살 | 항상 상 | 정기 정 | 나아갈 진 | 보살 보 | 보살 살 | 더불 여 | 같을 여 |
| 手(扌) 12획 | 艸(艹) 12획 | 艸(艹) 18획 | 巾 11획 | 米 14획 | 辶 12획 | 艸(艹) 12획 | 艸(艹) 18획 | 臼 14획 | 女 6획 |
| 提 | 菩 | 薩 | 常 | 精 | 進 | 菩 | 薩 | 與 | 如 |
| 提 | 菩 | 薩 | 常 | 精 | 進 | 菩 | 薩 | 與 | 如 |
| 提 | 菩 | 薩 | 常 | 精 | 進 | 菩 | 薩 | 與 | 如 |

▶ 與如是等 諸大菩薩(여여시등 제대보살) : 이와 같은 여러 위대한 보살들.

| 是 | 等 | 諸 | 大 | 菩 | 薩 | 及 | 釋 | 提 | 桓 |
|---|---|---|---|---|---|---|---|---|---|
| 이 **시** | 무리 **등** | 모두 **제** | 큰 **대** | 보살 **보** | 보살 **살** | 미칠 **급** | 풀 **석** | 끌 **제** | 굳셀 **환** |
| 日 9획 | 竹 12획 | 言 16획 | 大 3획 | 艸(艹) 12획 | 艸(艹) 18획 | 又 4획 | 釆 20획 | 手(扌) 12획 | 木 10획 |
| 是 | 等 | 諸 | 大 | 菩 | 薩 | 及 | 釋 | 提 | 桓 |
| 是 | 等 | 諸 | 大 | 菩 | 薩 | 及 | 釋 | 提 | 桓 |
| 是 | 等 | 諸 | 大 | 菩 | 薩 | 及 | 釋 | 提 | 桓 |
| | | | | | | | | | |
| | | | | | | | | | |
| | | | | | | | | | |
| | | | | | | | | | |
| | | | | | | | | | |
| | | | | | | | | | |

▶ **及 釋提桓因等 無量諸天大衆 俱**(급 석제환인등 무량제천대중 구) : 범천, 제석천 등 헤아릴 수 없이 많은 천인들도 자리를 같이 했다.

☞ 釋提桓因(석제환인) : 도리천의 주인인 提釋天(제석천)을 말한다.

☞ 梵天(범천) : 맑고 깨끗한 하늘을 뜻하며, 초선천의 주인인 범천왕을 가리킨다.

| 因 | 等 | 無 | 量 | 諸 | 天 | 大 | 衆 | 俱 | 爾 |
|---|---|---|---|---|---|---|---|---|---|
| 인할 인 | 무리 등 | 없을 무 | 헤아릴 량 | 모두 제 | 하늘 천 | 큰 대 | 무리 중 | 함께 구 | 너 이 |
| 口 6획 | 竹 12획 | 火(灬)12획 | 里 12획 | 言 16획 | 大 4획 | 大 3획 | 血 12획 | 人 10획 | 爻 14획 |
| 因 | 等 | 無 | 量 | 諸 | 天 | 大 | 衆 | 俱 | 爾 |
| 因 | 等 | 無 | 量 | 諸 | 天 | 大 | 衆 | 俱 | 爾 |
| 因 | 等 | 無 | 量 | 諸 | 天 | 大 | 衆 | 俱 | 爾 |
|  |  |  |  |  |  |  |  |  |  |
|  |  |  |  |  |  |  |  |  |  |
|  |  |  |  |  |  |  |  |  |  |
|  |  |  |  |  |  |  |  |  |  |
|  |  |  |  |  |  |  |  |  |  |
|  |  |  |  |  |  |  |  |  |  |

▶ **爾時 佛告 長老舍利弗**(이시 불고 장로사리불) : 그때 부처님께서 장로 사리불에게 말씀하시기를.

| 時 | 佛 | 告 | 長 | 老 | 舍 | 利 | 弗 | 從 | 是 |
|---|---|---|---|---|---|---|---|---|---|
| 때 시 | 부처님 불 | 알릴 고 | 길 장 | 늙을 로 | 집 사 | 이로울 리 | 아닐 불 | 좇을 종 | 이 시 |
| 日 10획 | 亻 7획 | 口 7획 | 長 8획 | 老 6획 | 舌 8획 | 刀 7획 | 弓 5획 | 彳 11획 | 日 9획 |
| 時 | 佛 | 告 | 長 | 老 | 舍 | 利 | 弗 | 從 | 是 |
| 時 | 佛 | 告 | 長 | 老 | 舍 | 利 | 弗 | 從 | 是 |
| 時 | 佛 | 告 | 長 | 老 | 舍 | 利 | 弗 | 從 | 是 |
| | | | | | | | | | |
| | | | | | | | | | |
| | | | | | | | | | |
| | | | | | | | | | |
| | | | | | | | | | |
| | | | | | | | | | |

▶ **從是西方 過十萬億佛土**(종시서방 과십만억불토) : 여기에서 서쪽으로 십만억 불토를 지나간 곳에.

| 西 | 方 | 過 | 十 | 萬 | 億 | 佛 | 土 | 有 | 世 |
|---|---|---|---|---|---|---|---|---|---|
| 서녘 **서** | 방위 **방** | 지날 **과** | 열 **십** | 일만 **만** | 억 **억** | 부처님 **불** | 흙 **토** | 있을 **유** | 인간 **세** |
| 西 6획 | 方 4획 | 辶 13획 | 十 2획 | 艸(艹) 13획 | 人 15획 | 亻 7획 | 土 3획 | 月 6획 | 一 5획 |
| 西 | 方 | 過 | 十 | 萬 | 億 | 佛 | 土 | 有 | 世 |
| 西 | 方 | 過 | 十 | 萬 | 億 | 佛 | 土 | 有 | 世 |
| 西 | 方 | 過 | 十 | 萬 | 億 | 佛 | 土 | 有 | 世 |

▶ 有世界 名曰極樂(유세계 명왈극락) : 극락이라고 하는 세계가 있다.

| 界 | 名 | 曰 | 極 | 樂 | 其 | 土 | 有 | 佛 | 號 |
|---|---|---|---|---|---|---|---|---|---|
| 지경 계 | 이름 명 | 가로 왈 | 다할 극 | 즐길 락 | 그 기 | 흙 토 | 있을 유 | 부처님 불 | 이름 호 |
| 田 9획 | 口 6획 | 曰 4획 | 木 13획 | 木 15획 | 八 8획 | 土 3획 | 月 6획 | 亻 7획 | 虍 13획 |
| 界 | 名 | 曰 | 極 | 樂 | 其 | 土 | 有 | 佛 | 號 |
| 界 | 名 | 曰 | 極 | 樂 | 其 | 土 | 有 | 佛 | 號 |
| 界 | 名 | 曰 | 極 | 樂 | 其 | 土 | 有 | 佛 | 號 |
| | | | | | | | | | |
| | | | | | | | | | |
| | | | | | | | | | |
| | | | | | | | | | |
| | | | | | | | | | |
| | | | | | | | | | |

▶ 其土 有佛 號 阿彌陀 今現在說法(기토 유불 호 아미타 금현재설법) : 그곳에 아미타불이 계시는데 지금도 법을 설하고 계시느니라.

| 阿 | 彌 | 陀 | 今 | 現 | 在 | 說 | 法 | 舍 | 利 |
|---|---|---|---|---|---|---|---|---|---|
| 언덕 아 | 그칠 미 | 비탈질 타 | 이제 금 | 나타날 현 | 있을 재 | 말씀 설 | 법 법 | 집 사 | 이로울 리 |
| 阝 8획 | 弓 17획 | 阝 8획 | 人 4획 | 王 11획 | 土 6획 | 言 14획 | 水 8획 | 舌 8획 | 刀 7획 |
| 阿 | 彌 | 陀 | 今 | 現 | 在 | 說 | 法 | 舍 | 利 |
| 阿 | 彌 | 陀 | 今 | 現 | 在 | 說 | 法 | 舍 | 利 |
| 阿 | 彌 | 陀 | 今 | 現 | 在 | 說 | 法 | 舍 | 利 |
| | | | | | | | | | |
| | | | | | | | | | |
| | | | | | | | | | |
| | | | | | | | | | |
| | | | | | | | | | |
| | | | | | | | | | |

▶ 舍利弗 彼土 何故 名爲極樂(사리불 피토 하고 명위극락) : 사리불아, 저 세계 이름을 어찌 극락이라 하는 줄 아느냐.

| 弗 | 彼 | 土 | 何 | 故 | 名 | 爲 | 極 | 樂 | 其 |
|---|---|---|---|---|---|---|---|---|---|
| 아닐 불 | 저 피 | 흙 토 | 어찌 하 | 연고 고 | 이름 명 | 할 위 | 다할 극 | 즐길 락 | 그 기 |
| 弓 5획 | 彳 8획 | 土 3획 | 人 7획 | 攴 9획 | 口 6획 | 爪 12획 | 木 13획 | 木 15획 | 八 8획 |
| 弗 | 彼 | 土 | 何 | 故 | 名 | 爲 | 極 | 樂 | 其 |
| 弗 | 彼 | 土 | 何 | 故 | 名 | 爲 | 極 | 樂 | 其 |
| 弗 | 彼 | 土 | 何 | 故 | 名 | 爲 | 極 | 樂 | 其 |
| | | | | | | | | | |
| | | | | | | | | | |
| | | | | | | | | | |
| | | | | | | | | | |
| | | | | | | | | | |
| | | | | | | | | | |

▶ 其國衆生 無有衆苦 但受諸樂 故名極樂(기국중생 무유중고 단수제락 고명극락)
: 거기의 중생은 아무런 괴로움도 없고, 다만 즐거운 일만 있으므로 극락이라 하느니라.

| 國 | 衆 | 生 | 無 | 有 | 衆 | 苦 | 但 | 受 | 諸 |
|---|---|---|---|---|---|---|---|---|---|
| 나라 국 | 무리 중 | 날 생 | 없을 무 | 있을 유 | 무리 중 | 괴로울 고 | 다만 단 | 받을 수 | 모두 제 |
| 口 11획 | 血 12획 | 生 5획 | 火(灬)12획 | 月 6획 | 血 12획 | 艸(++) 9획 | 人 7획 | 又 8획 | 言 16획 |
| 國 | 衆 | 生 | 無 | 有 | 衆 | 苦 | 但 | 受 | 諸 |
| 國 | 衆 | 生 | 無 | 有 | 衆 | 苦 | 但 | 受 | 諸 |
| 國 | 衆 | 生 | 無 | 有 | 衆 | 苦 | 但 | 受 | 諸 |
| | | | | | | | | | |
| | | | | | | | | | |
| | | | | | | | | | |
| | | | | | | | | | |
| | | | | | | | | | |
| | | | | | | | | | |

☞ 衆生(중생) : 범어 'Sattva' 이다. 有情(유정)이라고 번역하기도 한다. 미혹의 세계에 사는 아주 작은 미물로부터 넓게는 불보살에 이르기까지 모두 중생의 범위에 넣을 수 있다. '여럿이 함께' 라는 뜻으로 쓰여지는 중생은 衆緣所生(중연소생)의 의미로, 여러 존재를 인연하여 태어난다는 것이다. 무수한 인연들과 더불어 살아가는 존재를 가리킨다. '중생은 모두가 다 佛性(불성)을 지니고 있다' 는 진리는 한 가지 뿐이다.

| 樂 | 故 | 名 | 極 | 樂 | 又 | 舍 | 利 | 弗 | 極 |
|---|---|---|---|---|---|---|---|---|---|
| 즐길 락 | 연고 고 | 이름 명 | 다할 극 | 즐길 락 | 또 우 | 집 사 | 이로울 리 | 아닐 불 | 다할 극 |
| 木 15획 | 攴 9획 | 口 6획 | 木 13획 | 木 15획 | 又 2획 | 舌 8획 | 刀 7획 | 弓 5획 | 木 13획 |
| 樂 | 故 | 名 | 極 | 樂 | 樂 | 又 | 利 | 弗 | 極 |
| 樂 | 故 | 名 | 極 | 樂 | 樂 | 又 | 利 | 弗 | 極 |
| 樂 | 故 | 名 | 極 | 樂 | 樂 | 又 | 利 | 弗 | 極 |
| | | | | | | | | | |
| | | | | | | | | | |
| | | | | | | | | | |
| | | | | | | | | | |
| | | | | | | | | | |
| | | | | | | | | | |

▶ 又 舍利弗 極樂國土 七重欄楯(우 사리불 극락국토 칠중난순) : 사리불아, 또한 극락세계에는 일곱 겹으로 된 난간이 있으며.

| 樂 | 國 | 土 | 七 | 重 | 欄 | 楯 | 七 | 重 | 羅 |
|---|---|---|---|---|---|---|---|---|---|
| 즐길 락 | 나라 국 | 흙 토 | 일곱 칠 | 무거울 중 | 난간 난 | 방패 순 | 일곱 칠 | 무거울 중 | 벌릴 라(나) |
| 木 15획 | 口 11획 | 土 3획 | 一 2획 | 里 9획 | 木 21획 | 木 13획 | 一 2획 | 里 9획 | 罒 19획 |
| 樂 | 國 | 土 | 七 | 重 | 欄 | 楯 | 七 | 重 | 羅 |
| 樂 | 國 | 土 | 七 | 重 | 欄 | 楯 | 七 | 重 | 羅 |
| 樂 | 國 | 土 | 七 | 重 | 欄 | 楯 | 七 | 重 | 羅 |
| | | | | | | | | | |
| | | | | | | | | | |
| | | | | | | | | | |
| | | | | | | | | | |
| | | | | | | | | | |
| | | | | | | | | | |

▶ **七重羅網 七重行樹**(칠중나망 칠중행수) : 일곱 겹의 그물(나망)이 드리우고, 또한 일곱 겹의 가로수가 있는데.

☞ 羅網(나망) : 구슬을 꿰어 만든 그물.

| 網 | 七 | 重 | 行 | 樹 | 皆 | 是 | 四 | 寶 | 周 |
|---|---|---|---|---|---|---|---|---|---|
| 그물 망 | 일곱 칠 | 무거울 중 | 항렬 행 | 나무 수 | 다 개 | 이 시 | 넉 사 | 보배 보 | 두루 주 |
| 糸 14획 | 一 2획 | 里 9획 | 行 6획 | 木 16획 | 白 9획 | 日 9획 | 口 5획 | 宀 20획 | 口 8획 |
| 網 | 七 | 重 | 行 | 樹 | 皆 | 是 | 四 | 寶 | 周 |
| 網 | 七 | 重 | 行 | 樹 | 皆 | 是 | 四 | 寶 | 周 |
| 網 | 七 | 重 | 行 | 樹 | 皆 | 是 | 四 | 寶 | 周 |
|  |  |  |  |  |  |  |  |  |  |
|  |  |  |  |  |  |  |  |  |  |
|  |  |  |  |  |  |  |  |  |  |
|  |  |  |  |  |  |  |  |  |  |
|  |  |  |  |  |  |  |  |  |  |
|  |  |  |  |  |  |  |  |  |  |

▶ **皆是四寶周匝圍繞**(개시사보주잡위요) : 네 가지(금 · 은 · 청옥 · 수정) 보배가 주위를 둘러 싸고 있으므로.

| 匝 | 圍 | 繞 | 是 | 故 | 彼 | 國 | 名 | 曰 | 極 |
|---|---|---|---|---|---|---|---|---|---|
| 두루 잡 | 둘릴 위 | 둘릴 요 | 이 시 | 연고 고 | 저 피 | 나라 국 | 이름 명 | 가로 왈 | 다할 극 |
| 匚 5획 | 口 12획 | 糸 18획 | 日 9획 | 攴 9획 | 彳 9획 | 口 11획 | 口 6획 | 曰 4획 | 木 13획 |
| 匝 | 圍 | 繞 | 是 | 故 | 彼 | 國 | 名 | 曰 | 極 |
| 匝 | 圍 | 繞 | 是 | 故 | 彼 | 國 | 名 | 曰 | 極 |
| 匝 | 圍 | 繞 | 是 | 故 | 彼 | 國 | 名 | 曰 | 極 |
|  |  |  |  |  |  |  |  |  |  |
|  |  |  |  |  |  |  |  |  |  |
|  |  |  |  |  |  |  |  |  |  |
|  |  |  |  |  |  |  |  |  |  |
|  |  |  |  |  |  |  |  |  |  |
|  |  |  |  |  |  |  |  |  |  |

▶ **是故 彼國 名曰極樂**(시고 피국 명왈극락) : 이름을 극락이라 하느니라.

| 樂 | 又 | 舍 | 利 | 弗 | 極 | 樂 | 國 | 土 | 有 |
|---|---|---|---|---|---|---|---|---|---|
| 즐길 락 | 또 우 | 집 사 | 이로울 리 | 아닐 불 | 다할 극 | 즐길 락 | 나라 국 | 흙 토 | 있을 유 |
| 木 15획 | 又 2획 | 舌 8획 | 刀 7획 | 弓 5획 | 木 13획 | 木 15획 | 口 11획 | 土 3획 | 月 6획 |
| 樂 | 又 | 舍 | 利 | 弗 | 極 | 樂 | 國 | 土 | 有 |
| 樂 | 又 | 舍 | 利 | 弗 | 極 | 樂 | 國 | 土 | 有 |
| 樂 | 又 | 舍 | 利 | 弗 | 極 | 樂 | 國 | 土 | 有 |
| | | | | | | | | | |
| | | | | | | | | | |
| | | | | | | | | | |
| | | | | | | | | | |
| | | | | | | | | | |
| | | | | | | | | | |

▶ **又 舍利弗 極樂國土 有七寶池**(우 사리불 극락국토 유칠보지) : 사리불아, 또 극락세계에는 칠보로 된 연못이 있는데.

| 七 | 寶 | 池 | 八 | 功 | 德 | 水 | 充 | 滿 | 其 |
|---|---|---|---|---|---|---|---|---|---|
| 일곱 **칠** | 보배 **보** | 못 **지** | 여덟 **팔** | 공 **공** | 큰 **덕** | 물 **수** | 찰 **충** | 찰 **만** | 그 **기** |
| 一 2획 | 宀 20획 | 水 6획 | 八 2획 | 力 5획 | 彳 15획 | 水 4획 | 儿 6획 | 水 14획 | 八 8획 |
| 七 | 寶 | 池 | 八 | 功 | 德 | 水 | 充 | 滿 | 其 |
| 七 | 寶 | 池 | 八 | 功 | 德 | 水 | 充 | 滿 | 其 |
| 七 | 寶 | 池 | 八 | 功 | 德 | 水 | 充 | 滿 | 其 |
| | | | | | | | | | |
| | | | | | | | | | |
| | | | | | | | | | |
| | | | | | | | | | |
| | | | | | | | | | |
| | | | | | | | | | |

▶ **八功德水 充滿其中 池底 純以金沙布地**(팔공덕수 충만기중 지저 순이금사포지) : 그 연못에는 여덟 가지 공덕이 있는 물이 가득하며, 그 연못 바닥은 순전한 금모래가 깔려 있다.

| 中 | 池 | 底 | 純 | 以 | 金 | 沙 | 布 | 地 | 四 |
|---|---|---|---|---|---|---|---|---|---|
| 가운데 중 | 못 지 | 밑 저 | 순전할 순 | 써 이 | 쇠 금 | 모래 사 | 펼 포 | 땅 지 | 넉 사 |
| 丨 4획 | 水 6획 | 广 8획 | 糸 10획 | 人 5획 | 金 8획 | 水 7획 | 巾 5획 | 土 6획 | 口 5획 |
| 中 | 池 | 底 | 純 | 以 | 金 | 沙 | 布 | 地 | 四 |
| 中 | 池 | 底 | 純 | 以 | 金 | 沙 | 布 | 地 | 四 |
| 中 | 池 | 底 | 純 | 以 | 金 | 沙 | 布 | 地 | 四 |
| | | | | | | | | | |
| | | | | | | | | | |
| | | | | | | | | | |
| | | | | | | | | | |
| | | | | | | | | | |
| | | | | | | | | | |

※ 金沙布地(금사포지) : 金沙布池로 표기하기도 한다.

| 邊 | 階 | 道 | 金 | 銀 | 瑠 | 璃 | 玻 | 瓈 | 合 |
|---|---|---|---|---|---|---|---|---|---|
| 가 변 | 섬돌 계 | 길 도 | 쇠 금 | 은 은 | 유리 류(유) | 유리 리 | 파려옥 파 | 파려옥 려 | 합할 합 |
| 辶 19획 | 阝 12획 | 辶 13획 | 金 8획 | 金 14획 | 王 14획 | 王 15획 | 王 9획 | 王 19획 | 口 6획 |
| 邊 | 階 | 道 | 金 | 銀 | 瑠 | 璃 | 玻 | 瓈 | 合 |
| 邊 | 階 | 道 | 金 | 銀 | 瑠 | 璃 | 玻 | 瓈 | 合 |
| 邊 | 階 | 道 | 金 | 銀 | 瑠 | 璃 | 玻 | 瓈 | 合 |
| | | | | | | | | | |
| | | | | | | | | | |
| | | | | | | | | | |
| | | | | | | | | | |
| | | | | | | | | | |
| | | | | | | | | | |

▶ **四邊階道 金銀 瑠璃 玻瓈 合成 上有樓閣 亦以金銀**(사변계도 금은 유리 파려 합성 상유 누각 역이금은) : 사방 연못 둘레 또한 금, 은과

| 成 | 上 | 有 | 樓 | 閣 | 亦 | 以 | 金 | 銀 | 瑠 |
|---|---|---|---|---|---|---|---|---|---|
| 이룰 성 | 위 상 | 있을 유 | 다락 누 | 누각 각 | 또 역 | 써 이 | 쇠 금 | 은 은 | 유리 류(유) |
| 戈 7획 | 一 3획 | 月 6획 | 木 15획 | 門 14획 | 亠 6획 | 人 5획 | 金 8획 | 金 14획 | 王 14획 |
| 成 | 上 | 有 | 樓 | 閣 | 亦 | 以 | 金 | 銀 | 瑠 |
| 成 | 上 | 有 | 樓 | 閣 | 亦 | 以 | 金 | 銀 | 瑠 |
| 成 | 上 | 有 | 樓 | 閣 | 亦 | 以 | 金 | 銀 | 瑠 |
|  |  |  |  |  |  |  |  |  |  |
|  |  |  |  |  |  |  |  |  |  |
|  |  |  |  |  |  |  |  |  |  |
|  |  |  |  |  |  |  |  |  |  |
|  |  |  |  |  |  |  |  |  |  |
|  |  |  |  |  |  |  |  |  |  |

▶ 瑠璃 玻瓈 硨磲 赤珠 瑪瑙 而嚴飾之(유리 파려 자거 적주 마노 이엄식지) :

유리, 파려, 자거, 적진주, 마노 등의 칠보로 찬란하게 꾸며졌느니라.

☞ 七寶(칠보) : 예로부터 귀하게 여기는 일곱 가지 보물이다. 금, 은, 유리, 파려, 자거, 진주, 마노를 말한다.

| 璃 | 玻 | 瓈 | 硨 | 磲 | 赤 | 珠 | 瑪 | 瑙 | 而 |
|---|---|---|---|---|---|---|---|---|---|
| 유리 리 | 파려옥 파 | 파려옥 려 | 옥돌 자 | 옥돌 거 | 붉을 적 | 구슬 주 | 옥돌 마 | 옥돌 노 | 말이을 이 |
| 王 18획 | 王 9획 | 王 19획 | 石 12획 | 石 17획 | 赤 7획 | 王 10획 | 王 14획 | 王 13획 | 而 6획 |
| 璃 | 玻 | 瓈 | 硨 | 磲 | 赤 | 珠 | 瑪 | 瑙 | 而 |
| 璃 | 玻 | 瓈 | 硨 | 磲 | 赤 | 珠 | 瑪 | 瑙 | 而 |
| 璃 | 玻 | 瓈 | 硨 | 磲 | 赤 | 珠 | 瑪 | 瑙 | 而 |
| | | | | | | | | | |
| | | | | | | | | | |
| | | | | | | | | | |
| | | | | | | | | | |
| | | | | | | | | | |
| | | | | | | | | | |

☞ 硨磲(자거) : 하얀 색깔의 산호를 말한다.

※ 硨(자)는 한자음으로 '차', '거' 로 읽는다.

☞ 瑪瑙(마노) : 짙은 녹색을 띠는 석영을 말한다.

| 嚴 | 飾 | 之 | 池 | 中 | 蓮 | 華 | 大 | 如 | 車 |
|---|---|---|---|---|---|---|---|---|---|
| 엄할 **엄** | 꾸밀 **식** | 갈 **지** | 못 **지** | 가운데 **중** | 연꽃 **연** | 빛날 **화** | 큰 **대** | 같을 **여** | 수레 **거** |
| 口 20획 | 食 14획 | 丿 4획 | 水 6획 | 丨 4획 | 艸(++) 15획 | 艸(++) 12획 | 大 3획 | 女 6획 | 車 7획 |
| 嚴 | 飾 | 之 | 池 | 中 | 蓮 | 華 | 大 | 如 | 車 |
| 嚴 | 飾 | 之 | 池 | 中 | 蓮 | 華 | 大 | 如 | 車 |
| 嚴 | 飾 | 之 | 池 | 中 | 蓮 | 華 | 大 | 如 | 車 |

▶ 池中連華 大如車輪 青色青光(지중연화 대여거륜 청색청광) : 그리고 보배 연못 속에는 큰 수레바퀴만한 연꽃이 피어 푸른 빛깔의 꽃에서는 푸른 광채가 나고.

| 輪 | 青 | 色 | 青 | 光 | 黃 | 色 | 黃 | 光 | 赤 |
|---|---|---|---|---|---|---|---|---|---|
| 바퀴 륜 | 푸를 청 | 빛 색 | 푸를 청 | 빛 광 | 누를 황 | 빛 색 | 누를 황 | 빛 광 | 붉을 적 |
| 車 15획 | 靑 8획 | 色 6획 | 靑 8획 | 儿 6획 | 黃 12획 | 色 6획 | 黃 12획 | 儿 6획 | 赤 7획 |
| 輪 | 青 | 色 | 青 | 光 | 黃 | 色 | 黃 | 光 | 赤 |
| 輪 | 青 | 色 | 青 | 光 | 黃 | 色 | 黃 | 光 | 赤 |
| 輪 | 青 | 色 | 青 | 光 | 黃 | 色 | 黃 | 光 | 赤 |

▶ **黃色黃光 赤色赤光**(황색황광 적색적광) : 누른 빛깔의 꽃에서는 누른 광채가 나며, 붉은 빛깔의 꽃에서는 붉은 광채가 나고.

| 色 | 赤 | 光 | 白 | 色 | 白 | 光 | 微 | 妙 | 香 |
|---|---|---|---|---|---|---|---|---|---|
| 빛 색 | 붉을 적 | 빛 광 | 흰 백 | 빛 색 | 흰 백 | 빛 광 | 작을 미 | 묘할 묘 | 향기 향 |
| 色 6획 | 赤 7획 | 儿 6획 | 白 5획 | 色 6획 | 白 5획 | 儿 6획 | 彳 13획 | 女 7획 | 香 9획 |
| 色 | 赤 | 光 | 白 | 色 | 白 | 光 | 微 | 妙 | 香 |
| 色 | 赤 | 光 | 白 | 色 | 白 | 光 | 微 | 妙 | 香 |
| 色 | 赤 | 光 | 白 | 色 | 白 | 光 | 微 | 妙 | 香 |
| | | | | | | | | | |
| | | | | | | | | | |
| | | | | | | | | | |
| | | | | | | | | | |
| | | | | | | | | | |
| | | | | | | | | | |

▶ 白色白光 微妙香潔(백색백광 미묘향결) : 하얀 빛깔의 꽃에서는 흰빛 광채가 나고, 지극히 미묘하고 향기롭고 정결하느니라.

| 潔 | 舍 | 利 | 弗 | 極 | 樂 | 國 | 土 | 成 | 就 |
|---|---|---|---|---|---|---|---|---|---|
| 깨끗할 결 | 집 사 | 이로울 리 | 아닐 불 | 다할 극 | 즐길 락 | 나라 국 | 흙 토 | 이룰 성 | 나아갈 취 |
| 水 15획 | 舌 8획 | 刀 7획 | 弓 5획 | 木 13획 | 木 15획 | 口 11획 | 土 3획 | 戈 7획 | 尢 12획 |
| 潔 | 舍 | 利 | 弗 | 極 | 樂 | 國 | 土 | 成 | 就 |
| 潔 | 舍 | 利 | 弗 | 極 | 樂 | 國 | 土 | 成 | 就 |
| 潔 | 舍 | 利 | 弗 | 極 | 樂 | 國 | 土 | 成 | 就 |
| | | | | | | | | | |
| | | | | | | | | | |
| | | | | | | | | | |
| | | | | | | | | | |
| | | | | | | | | | |
| | | | | | | | | | |

▶ 舍利弗 極樂國土 成就如是功德莊嚴(사리불 극락국토 성취여시공덕장엄) : 사리불아, 극락세계는 이와 같은 공덕장엄으로 이루어졌느니라.

| 如 | 是 | 功 | 德 | 莊 | 嚴 | 又 | 舍 | 利 | 弗 |
| --- | --- | --- | --- | --- | --- | --- | --- | --- | --- |
| 갈을 **여** | 이 **시** | 공 **공** | 큰 **덕** | 공경할 **장** | 엄할 **엄** | 또 **우** | 집 **사** | 이로울 **리** | 아닐 **불** |
| 女 6획 | 日 9획 | 力 5획 | 彳 15획 | 艸(++) 11획 | 口 20획 | 又 2획 | 舌 8획 | 刀 7획 | 弓 5획 |
| 如 | 是 | 功 | 德 | 莊 | 嚴 | 又 | 舍 | 利 | 弗 |
| 如 | 是 | 功 | 德 | 莊 | 嚴 | 又 | 舍 | 利 | 弗 |
| 如 | 是 | 功 | 德 | 莊 | 嚴 | 又 | 舍 | 利 | 弗 |

▶ 又 舍利弗(우 사리불) : 또한 사리불아.

| 彼 | 佛 | 國 | 土 | 常 | 作 | 天 | 樂 | 黃 | 金 |
|---|---|---|---|---|---|---|---|---|---|
| 저 **피** | 부처님 **불** | 나라 **국** | 흙 **토** | 항상 **상** | 지을 **작** | 하늘 **천** | 풍류 **악** | 누를 **황** | 쇠 **금** |
| 彳 8획 | 亻 7획 | 囗 11획 | 土 3획 | 巾 11획 | 人 7획 | 大 4획 | 木 15획 | 黃 12획 | 金 8획 |
| 彼 | 佛 | 國 | 土 | 常 | 作 | 天 | 樂 | 黃 | 金 |
| 彼 | 佛 | 國 | 土 | 常 | 作 | 天 | 樂 | 黃 | 金 |
| 彼 | 佛 | 國 | 土 | 常 | 作 | 天 | 樂 | 黃 | 金 |
| | | | | | | | | | |
| | | | | | | | | | |
| | | | | | | | | | |
| | | | | | | | | | |
| | | | | | | | | | |
| | | | | | | | | | |

▶ 彼佛國土 常作天樂(피불국토 상작천악) : 극락세계에는 항상 천상의 청아한 음악이 울려퍼지고.

| 爲 | 地 | 晝 | 夜 | 六 | 時 | 天 | 雨 | 曼 | 茶 |
|---|---|---|---|---|---|---|---|---|---|
| 할 위 | 땅 지 | 낮 주 | 밤 야 | 여섯 육 | 때 시 | 하늘 천 | 비 우 | 끌 만 | 차 다 |
| 爪 12획 | 土 6획 | 日 11획 | 夕 8획 | 八 4획 | 日 10획 | 大 4획 | 雨 4획 | 曰 11획 | 艸(++) 10획 |
| 爲 | 地 | 晝 | 夜 | 六 | 時 | 天 | 雨 | 曼 | 茶 |
| 爲 | 地 | 晝 | 夜 | 六 | 時 | 天 | 雨 | 曼 | 茶 |
| 爲 | 地 | 晝 | 夜 | 六 | 時 | 天 | 雨 | 曼 | 茶 |
| | | | | | | | | | |
| | | | | | | | | | |
| | | | | | | | | | |
| | | | | | | | | | |
| | | | | | | | | | |
| | | | | | | | | | |

▶ **黃金爲地 晝夜六時 天雨曼多羅華**(황금위지 주야육시 천우만다라화) : 대지는 황금색으로 빛나고, 밤낮으로 천상에서 만다라 꽃이 비오듯 흩날린다.

☞ 六時(육시) : 하루를 아침 · 낮 · 해질녘 · 초저녁 · 밤중 · 새벽으로 나눈 것으로, 밤낮 하루 종일을 뜻한다.

| 羅 | 華 | 其 | 國 | 衆 | 生 | 常 | 以 | 淸 | 旦 |
|---|---|---|---|---|---|---|---|---|---|
| 벌릴 라 | 빛날 화 | 그 기 | 나라 국 | 무리 중 | 날 생 | 항상 상 | 써 이 | 맑을 청 | 아침 단 |
| 罒 19획 | 艸(艹) 12획 | 八 8획 | 口 11획 | 血 12획 | 生 5획 | 巾 11획 | 人 5획 | 水 11획 | 日 5획 |
| 羅 | 華 | 其 | 國 | 衆 | 生 | 常 | 以 | 淸 | 旦 |
| 羅 | 華 | 其 | 國 | 衆 | 生 | 常 | 以 | 淸 | 旦 |
| 羅 | 華 | 其 | 國 | 衆 | 生 | 常 | 以 | 淸 | 旦 |
|  |  |  |  |  |  |  |  |  |  |
|  |  |  |  |  |  |  |  |  |  |
|  |  |  |  |  |  |  |  |  |  |
|  |  |  |  |  |  |  |  |  |  |
|  |  |  |  |  |  |  |  |  |  |
|  |  |  |  |  |  |  |  |  |  |

▶ **其國衆生 常以淸旦 各以衣裓 盛衆妙華**(기국중생 상이청단 각이의극 성중묘화) : 극락 세계의 중생들은 이른 아침마다 갖가지의 미묘한 꽃을 바구니에 담아 다른 세계로 다니면서.

| 各 | 以 | 衣 | 祴 | 盛 | 衆 | 妙 | 華 | 供 | 養 |
|---|---|---|---|---|---|---|---|---|---|
| 각각 각 | 써 이 | 옷 의 | 옷자락 극 | 성할 성 | 무리 중 | 묘할 묘 | 빛날 화 | 이바지할 공 | 봉양할 양 |
| 口 6획 | 人 5획 | 衣 6획 | 衣 12획 | 皿 11획 | 血 12획 | 女 7획 | 艸(++) 12획 | 人 8획 | 食 15획 |
| 各 | 以 | 衣 | 祴 | 盛 | 衆 | 妙 | 華 | 供 | 養 |
| 各 | 以 | 衣 | 祴 | 盛 | 衆 | 妙 | 華 | 供 | 養 |
| 各 | 以 | 衣 | 祴 | 盛 | 衆 | 妙 | 華 | 供 | 養 |

▶ 供養他方十萬億佛(공양타방십만억불) : 십만억 불국토의 부처님께 공양 올리느니라.

| 他 | 方 | 十 | 萬 | 億 | 佛 | 卽 | 以 | 食 | 時 |
|---|---|---|---|---|---|---|---|---|---|
| 다를 타 | 방위 방 | 열 십 | 일만 만 | 억 억 | 부처님 불 | 곧 즉 | 써 이 | 밥 식 | 때 시 |
| 人 5획 | 方 4획 | 十 2획 | 艸(++) 13획 | 人 15획 | 亻 7획 | 卩 9획 | 人 5획 | 食 9획 | 日 10획 |
| 他 | 方 | 十 | 萬 | 億 | 佛 | 卽 | 以 | 食 | 時 |
| 他 | 方 | 十 | 萬 | 億 | 佛 | 卽 | 以 | 食 | 時 |
| 他 | 方 | 十 | 萬 | 億 | 佛 | 卽 | 以 | 食 | 時 |
| | | | | | | | | | |
| | | | | | | | | | |
| | | | | | | | | | |
| | | | | | | | | | |
| | | | | | | | | | |
| | | | | | | | | | |

▶ **卽以食時 還到本國 飯食經行**(즉이식시 환도본국 반사경행) : 바로 식전에 극락세계에 돌아와서 식사를 마치고 산책을 한다.

| 還 | 到 | 本 | 國 | 飯 | 食 | 經 | 行 | 舍 | 利 |
|---|---|---|---|---|---|---|---|---|---|
| 돌아올 환 | 이를 도 | 근본 본 | 나라 국 | 밥 반 | 먹일 사 | 경서 경 | 갈 행 | 집 사 | 이로울 리 |
| 辶 17획 | 刀 8획 | 木 5획 | 口 11획 | 食 13획 | 食 9획 | 糸 13획 | 行 5획 | 舌 8획 | 刀 7획 |
| 還 | 到 | 本 | 國 | 飯 | 食 | 經 | 行 | 舍 | 利 |
| 還 | 到 | 本 | 國 | 飯 | 食 | 經 | 行 | 舍 | 利 |
| 還 | 到 | 本 | 國 | 飯 | 食 | 經 | 行 | 舍 | 利 |
| | | | | | | | | | |
| | | | | | | | | | |
| | | | | | | | | | |
| | | | | | | | | | |
| | | | | | | | | | |
| | | | | | | | | | |

▶ 舍利弗(사리불) : 사리불아.

| 弗 | 極 | 樂 | 國 | 土 | 成 | 就 | 如 | 是 | 功 |
|---|---|---|---|---|---|---|---|---|---|
| 아닐 불 | 다할 극 | 즐길 락 | 나라 국 | 흙 토 | 이룰 성 | 나아갈 취 | 같을 여 | 이 시 | 공 공 |
| 弓 5획 | 木 13획 | 木 15획 | 口 11획 | 土 3획 | 戈 7획 | 尢 12획 | 女 6획 | 日 9획 | 力 5획 |
| 弗 | 極 | 樂 | 國 | 土 | 成 | 就 | 如 | 是 | 功 |
| 弗 | 極 | 樂 | 國 | 土 | 成 | 就 | 如 | 是 | 功 |
| 弗 | 極 | 樂 | 國 | 土 | 成 | 就 | 如 | 是 | 功 |
| | | | | | | | | | |
| | | | | | | | | | |
| | | | | | | | | | |
| | | | | | | | | | |
| | | | | | | | | | |
| | | | | | | | | | |

▶ **極樂國土 成就如是功德莊嚴**(극락국토 성취여시공덕장엄) : 극락세계는 이와 같이 공덕장엄으로 이루어졌느니라.

| 德 | 莊 | 嚴 | 復 | 次 | 舍 | 利 | 弗 | 彼 | 國 |
|---|---|---|---|---|---|---|---|---|---|
| 큰 덕 | 공경할 장 | 엄할 엄 | 다시 부 | 버금 차 | 집 사 | 이로울 리 | 아닐 불 | 저 피 | 나라 국 |
| 彳 15획 | 艸(艹) 11획 | 口 20획 | 彳 12획 | 欠 6획 | 舌 8획 | 刀 7획 | 弓 5획 | 彳 8획 | 口 11획 |
| 德 | 莊 | 嚴 | 復 | 次 | 舍 | 利 | 弗 | 彼 | 國 |
| 德 | 莊 | 嚴 | 復 | 次 | 舍 | 利 | 弗 | 彼 | 國 |
| 德 | 莊 | 嚴 | 復 | 次 | 舍 | 利 | 弗 | 彼 | 國 |

▶ 復次 舍利弗(부차 사리불) : 또 사리불아.

| 常 | 有 | 種 | 種 | 奇 | 妙 | 雜 | 色 | 之 | 鳥 |
|---|---|---|---|---|---|---|---|---|---|
| 항상 **상** | 있을 **유** | 종류 **종** | 종류 **종** | 기이할 **기** | 묘할 **묘** | 섞일 **잡** | 빛 **색** | 갈 **지** | 새 **조** |
| 巾 11획 | 月 6획 | 禾 14획 | 禾 14획 | 大 8획 | 女 7획 | 隹 18획 | 色 6획 | ノ 4획 | 鳥 11획 |
| 常 | 有 | 種 | 種 | 奇 | 妙 | 雜 | 色 | 之 | 鳥 |
| 常 | 有 | 種 | 種 | 奇 | 妙 | 雜 | 色 | 之 | 鳥 |
| 常 | 有 | 種 | 種 | 奇 | 妙 | 雜 | 色 | 之 | 鳥 |
| | | | | | | | | | |
| | | | | | | | | | |
| | | | | | | | | | |
| | | | | | | | | | |
| | | | | | | | | | |
| | | | | | | | | | |

▶ **彼國 常有種種奇妙雜色之鳥**(피국 상유종종기묘잡색지조) : 극락세계에는 아름답고 기묘한 여러 가지 색깔을 가진 새들이 있는데.

| 白 | 鶴 | 孔 | 雀 | 鸚 | 鵡 | 舍 | 利 | 迦 | 陵 |
|---|---|---|---|---|---|---|---|---|---|
| 흰 백 | 학 학 | 구멍 공 | 참새 작 | 앵무새 앵 | 앵무새 무 | 집 사 | 이로울 리 | 부처이름 가 | 큰언덕 릉 |
| 白 5획 | 鳥 21획 | 子 4획 | 隹 11획 | 鳥 28획 | 鳥 18획 | 舌 8획 | 刀(刂) 7획 | 辶 9획 | 阝 11획 |
| 白 | 鶴 | 孔 | 雀 | 鸚 | 鵡 | 舍 | 利 | 迦 | 陵 |
| 白 | 鶴 | 孔 | 雀 | 鸚 | 鵡 | 舍 | 利 | 迦 | 陵 |
| 白 | 鶴 | 孔 | 雀 | 鸚 | 鵡 | 舍 | 利 | 迦 | 陵 |
| | | | | | | | | | |
| | | | | | | | | | |
| | | | | | | | | | |
| | | | | | | | | | |
| | | | | | | | | | |
| | | | | | | | | | |

▶ **白鶴 孔雀 鸚鵡 舍利 迦陵頻伽 共命之鳥**(백학 공작 앵무 사리 가릉빈가 공명지조)

: 백조와 공작, 앵무새, 사리새, 가릉빈가, 공명조 등.

☞ 迦陵瀕伽(가릉빈가) : 불경에 나오는 상상의 새이다. 머리는 사람의 형상을 하고 몸은 새를 닮았다. 極樂鳥(극락조)라고도 한다.

☞ 共命(공명) : 머리가 두 개 달린 새이다.

| 頻 | 伽 | 共 | 命 | 之 | 鳥 | 是 | 諸 | 衆 | 鳥 |
|---|---|---|---|---|---|---|---|---|---|
| 자주 빈 | 절 가 | 함께 공 | 목숨 명 | 갈 지 | 새 조 | 이 시 | 모두 제 | 무리 중 | 새 조 |
| 頁 16획 | 人 7획 | 八 6획 | 口 8획 | ノ 4획 | 鳥 11획 | 日 9획 | 言 16획 | 血 12획 | 鳥 11획 |
| 頻 | 伽 | 共 | 命 | 之 | 鳥 | 是 | 諸 | 衆 | 鳥 |
| 頻 | 伽 | 共 | 命 | 之 | 鳥 | 是 | 諸 | 衆 | 鳥 |
| 頻 | 伽 | 共 | 命 | 之 | 鳥 | 是 | 諸 | 衆 | 鳥 |
| | | | | | | | | | |
| | | | | | | | | | |
| | | | | | | | | | |
| | | | | | | | | | |
| | | | | | | | | | |
| | | | | | | | | | |

▶ 是諸衆鳥(시제중조) : 이와 같은 모든 새들이.

| 晝 | 夜 | 六 | 時 | 出 | 和 | 雅 | 音 | 其 | 音 |
|---|---|---|---|---|---|---|---|---|---|
| 낮 주 | 밤 야 | 여섯 육 | 때 시 | 날 출 | 고를 화 | 맑을 아 | 소리 음 | 그 기 | 소리 음 |
| 日 11획 | 夕 8획 | 八 4획 | 日 10획 | 凵 5획 | 口 8획 | 隹 12획 | 音 9획 | 八 8획 | 音 9획 |
| 晝 | 夜 | 六 | 時 | 出 | 和 | 雅 | 音 | 其 | 音 |
| 晝 | 夜 | 六 | 時 | 出 | 和 | 雅 | 音 | 其 | 音 |
| 晝 | 夜 | 六 | 時 | 出 | 和 | 雅 | 音 | 其 | 音 |

▶ **晝夜六時 出和雅音**(주야육시 출화아음) : 밤낮을 가리지 않고 청아한 소리로 노래를 하느니라.

| 演 | 暢 | 五 | 根 | 五 | 力 | 七 | 菩 | 提 | 分 |
|---|---|---|---|---|---|---|---|---|---|
| 흐를 연 | 펼 창 | 다섯 오 | 뿌리 근 | 다섯 오 | 힘 력 | 일곱 칠 | 보살 보 | 보리 리 | 나눌 분 |
| 水 14획 | 日 14획 | 二 4획 | 木 10획 | 二 4획 | 力 2획 | 一 2획 | 艸(++) 12획 | 手 12획 | 刀(刂) 4획 |
| 演 | 暢 | 五 | 根 | 五 | 力 | 七 | 菩 | 提 | 分 |
| 演 | 暢 | 五 | 根 | 五 | 力 | 七 | 菩 | 提 | 分 |
| 演 | 暢 | 五 | 根 | 五 | 力 | 七 | 菩 | 提 | 分 |
|  |  |  |  |  |  |  |  |  |  |
|  |  |  |  |  |  |  |  |  |  |
|  |  |  |  |  |  |  |  |  |  |
|  |  |  |  |  |  |  |  |  |  |
|  |  |  |  |  |  |  |  |  |  |
|  |  |  |  |  |  |  |  |  |  |

▶ **其音 演暢 五根 五力 七菩提分 八聖道分 如是等法**(기음 연창 오근 오력 칠보리분 팔성도분 여시등법) : 그 소리는 한결같이 五(오)근과 五(오)력과 칠보리, 팔성도 등 성불하는 가르침을 아뢰고 있느니라.

※ 提(리) : 한자음으로는 '끌 제' 로 발음 한다.

☞ 五根(오근) : 번뇌를 억누르고 성스러운 도리로 이끄는 다섯 가지의 근원으로, 信根(신근) · 進根(진근) · 念根(염근) · 定根(정근) · 慧根(혜근)을 말한다.

☞ 五力(오력) : 부처님의 가르침을 수행하는 데 있어 기본이 되는 다섯 가지의 힘으로, 信力(신력) · 進力(진력) · 念力(염력) · 慧力(혜력)을 말한다.

| 八 | 聖 | 道 | 分 | 如 | 是 | 等 | 法 | 其 | 土 |
|---|---|---|---|---|---|---|---|---|---|
| 여덟 **팔** | 성인 **성** | 길 **도** | 나눌 **분** | 같을 **여** | 이 **시** | 무리 **등** | 법 **법** | 그 **기** | 흙 **토** |
| 八 2획 | 耳 13획 | 辶 13획 | 刀 4획 | 女 6획 | 日 9획 | 竹 12획 | 水(氵) 8획 | 八 8획 | 土 3획 |
| 八 | 聖 | 道 | 分 | 如 | 是 | 等 | 法 | 其 | 土 |
| 八 | 聖 | 道 | 分 | 如 | 是 | 等 | 法 | 其 | 土 |
| 八 | 聖 | 道 | 分 | 如 | 是 | 等 | 法 | 其 | 土 |
| | | | | | | | | | |
| | | | | | | | | | |
| | | | | | | | | | |
| | | | | | | | | | |
| | | | | | | | | | |
| | | | | | | | | | |

☞ 七菩提分(칠보리분) : 부처님의 가르침을 수행하는 데 있어 진리와 선악을 가리는 일곱 가지의 지혜를 말한다.

☞ 八聖道分(팔성도분) : 부처님의 가르침을 수행하는 데 있어 중요한 여덟 가지의 길을 말한다.

| 衆 | 生 | 聞 | 是 | 音 | 已 | 皆 | 悉 | 念 | 佛 |
|---|---|---|---|---|---|---|---|---|---|
| 무리 중 | 날 생 | 들을 문 | 이 시 | 소리 음 | 이미 이 | 다 개 | 다 실 | 생각 염 | 부처님 불 |
| 血 12획 | 生 5획 | 耳 14획 | 日 9획 | 音 9획 | 已 3획 | 白 9획 | 心 11획 | 心 8획 | 亻 7획 |
| 衆 | 生 | 聞 | 是 | 音 | 已 | 皆 | 悉 | 念 | 佛 |
| 衆 | 生 | 聞 | 是 | 音 | 已 | 皆 | 悉 | 念 | 佛 |
| 衆 | 生 | 聞 | 是 | 音 | 已 | 皆 | 悉 | 念 | 佛 |
| | | | | | | | | | |
| | | | | | | | | | |
| | | | | | | | | | |
| | | | | | | | | | |
| | | | | | | | | | |
| | | | | | | | | | |

▶ **其土衆生 聞是音已 皆悉**(기토중생 문시음이 개실) : 그 나라의 중생들은 이 소리를 들으면 모두 다.

| 念 | 法 | 念 | 僧 | 舍 | 利 | 弗 | 汝 | 勿 | 謂 |
|---|---|---|---|---|---|---|---|---|---|
| 생각 **염** | 법 **법** | 생각 **염** | 승려 **승** | 집 **사** | 이로울 **리** | 아닐 **불** | 너 **여** | 말 **물** | 이름 **위** |
| 心 8획 | 水(氵) 8획 | 心 8획 | 人 14획 | 舌 8획 | 刀(刂) 7획 | 弓 5획 | 水(氵) 6획 | 勹 4획 | 言 16획 |
| 念 | 法 | 念 | 僧 | 舍 | 利 | 弗 | 汝 | 勿 | 謂 |
| 念 | 法 | 念 | 僧 | 舍 | 利 | 弗 | 汝 | 勿 | 謂 |
| 念 | 法 | 念 | 僧 | 舍 | 利 | 弗 | 汝 | 勿 | 謂 |

▶ **念佛 念法 念僧**(염불 염법 염승) : 부처님을 생각하고, 불법을 생각하고, 스님을 생각하게 되느니라.

▶ **舍利弗 汝勿謂 此鳥實是罪報所生**(사리불 여물위 차조실시죄보소생) : 사리불아, 이 새들이 죄업의 과보로 생겼다고 생각하지 마라.

| 此 | 鳥 | 實 | 是 | 罪 | 報 | 所 | 生 | 所 | 以 |
|---|---|---|---|---|---|---|---|---|---|
| 이 차 | 새 조 | 열매 실 | 이 시 | 허물 죄 | 갚을 보 | 바 소 | 날 생 | 바 소 | 써 이 |
| 止 6획 | 鳥 11획 | 宀 14획 | 日 9획 | 罒 13획 | 土 12획 | 戶 8획 | 生 5획 | 戶 8획 | 人 5획 |
| 此 | 鳥 | 實 | 是 | 罪 | 報 | 所 | 生 | 所 | 以 |
| 此 | 鳥 | 實 | 是 | 罪 | 報 | 所 | 生 | 所 | 以 |
| 此 | 鳥 | 實 | 是 | 罪 | 報 | 所 | 生 | 所 | 以 |

▶ 所以者何 彼佛國土 無三惡趣(소이자하 피불국토 무삼악취) : 왜냐하면 그 불국토는 지옥, 아귀, 축생 등의 삼악도가 없기 때문이다.

| 者 | 何 | 彼 | 佛 | 國 | 土 | 無 | 三 | 惡 | 趣 |
|---|---|---|---|---|---|---|---|---|---|
| 사람 자 | 어찌 하 | 저 피 | 부처님 불 | 나라 국 | 흙 토 | 없을 무 | 석 삼 | 악할 악 | 달릴 취 |
| 老 9획 | 人 7획 | 彳 8획 | 亻 7획 | 口 11획 | 土 3획 | 火(灬) 12획 | 一 3획 | 心 12획 | 走 13획 |
| 者 | 何 | 彼 | 佛 | 國 | 土 | 無 | 三 | 惡 | 趣 |
| 者 | 何 | 彼 | 佛 | 國 | 土 | 無 | 三 | 惡 | 趣 |
| 者 | 何 | 彼 | 佛 | 國 | 土 | 無 | 三 | 惡 | 趣 |

☞ 三惡道(삼악도) : 모든 중생이 생사윤회하는 세 가지 세계를 말한다.
欲界(욕계 - 탐욕의 세계)
色界(색계 - 색욕의 세계)
無色界(무색계 - 정신의 세계)

| 舍 | 利 | 弗 | 其 | 佛 | 國 | 土 | 尙 | 無 | 三 |
|---|---|---|---|---|---|---|---|---|---|
| 집 사 | 이로울 리 | 아닐 불 | 그 기 | 부처님 불 | 나라 국 | 흙 토 | 오히려 상 | 없을 무 | 석 삼 |
| 舌 8획 | 刀(刂) 7획 | 弓 5획 | 八 8획 | 亻 7획 | 口 11획 | 土 3획 | 小 8획 | 火(灬) 12획 | 一 3획 |
| 舍 | 利 | 弗 | 其 | 佛 | 國 | 土 | 尙 | 無 | 三 |
| 舍 | 利 | 弗 | 其 | 佛 | 國 | 土 | 尙 | 無 | 三 |
| 舍 | 利 | 弗 | 其 | 佛 | 國 | 土 | 尙 | 無 | 三 |
|  |  |  |  |  |  |  |  |  |  |
|  |  |  |  |  |  |  |  |  |  |
|  |  |  |  |  |  |  |  |  |  |
|  |  |  |  |  |  |  |  |  |  |
|  |  |  |  |  |  |  |  |  |  |
|  |  |  |  |  |  |  |  |  |  |

▶ **舍利弗 其佛國土 尙無三惡道之名 何況有實**(사리불 기불국토 상무삼악도지명 하황유실) : 사리불아, 불국토에는 삼악도(지옥)라고 하는 것도 없는데 어떻게 실제로 있을 수 있겠느냐?

| 惡 | 道 | 之 | 名 | 何 | 況 | 有 | 實 | 是 | 諸 |
|---|---|---|---|---|---|---|---|---|---|
| 악할 악 | 길 도 | 갈 지 | 이름 명 | 어찌 하 | 하물며 황 | 있을 유 | 열매 실 | 이 시 | 모두 제 |
| 心 12획 | 辶 13획 | 丿 4획 | 口 6획 | 人 7획 | 水(氵) 8획 | 月 6획 | 宀 14획 | 日 9획 | 言 16획 |
| 惡 | 道 | 之 | 名 | 何 | 況 | 有 | 實 | 是 | 諸 |
| 惡 | 道 | 之 | 名 | 何 | 況 | 有 | 實 | 是 | 諸 |
| 惡 | 道 | 之 | 名 | 何 | 況 | 有 | 實 | 是 | 諸 |
| | | | | | | | | | |
| | | | | | | | | | |
| | | | | | | | | | |
| | | | | | | | | | |
| | | | | | | | | | |
| | | | | | | | | | |

▶ 是諸衆鳥 皆是阿彌陀佛 欲令法音宣流 變化所作(시제중조 개시아미타불 욕령법음선류 변화소작) : 이와 같은 새들은 법문을 널리 베풀고자 아미타불께서 화현으로 만든 것이니라.

| 衆 | 鳥 | 皆 | 是 | 阿 | 彌 | 陀 | 佛 | 欲 | 令 |
|---|---|---|---|---|---|---|---|---|---|
| 무리 중 | 새 조 | 다 개 | 이 시 | 언덕 아 | 그칠 미 | 비탈질 타 | 부처님 불 | 하고자할 욕 | 하여금 령 |
| 血 12획 | 鳥 11획 | 白 9획 | 日 9획 | 阝 8획 | 弓 17획 | 阝 8획 | 亻 7획 | 欠 11획 | 人 5획 |
| 衆 | 鳥 | 皆 | 是 | 阿 | 彌 | 陀 | 佛 | 欲 | 令 |
| 衆 | 鳥 | 皆 | 是 | 阿 | 彌 | 陀 | 佛 | 欲 | 令 |
| 衆 | 鳥 | 皆 | 是 | 阿 | 彌 | 陀 | 佛 | 欲 | 令 |
| | | | | | | | | | |
| | | | | | | | | | |
| | | | | | | | | | |
| | | | | | | | | | |
| | | | | | | | | | |
| | | | | | | | | | |

♧ 선악의 과보는 그림자가 형상을 쫓는 것과 같아서 삼세의 인과는 순환하여 어기지 않는다. 이 생을 속절없이 지나면 뒤에 뉘우칠지라도 미치지 못한다.

「열반경」

| 法 | 音 | 宣 | 流 | 變 | 化 | 所 | 作 | 舍 | 利 |
| --- | --- | --- | --- | --- | --- | --- | --- | --- | --- |
| 법 **법** | 소리 **음** | 베풀 **선** | 흐를 **류** | 흐를 **변** | 변화할 **화** | 바 **소** | 지을 **작** | 집 **사** | 이로울 **리** |
| 水(氵) 8획 | 音 9획 | 宀 9획 | 水(氵) 10획 | 言 23획 | 匕 4획 | 戶 8획 | 人 7획 | 舌 8획 | 刀(刂) 7획 |
| 法 | 音 | 宣 | 流 | 變 | 化 | 所 | 作 | 舍 | 利 |
| 法 | 音 | 宣 | 流 | 變 | 化 | 所 | 作 | 舍 | 利 |
| 法 | 音 | 宣 | 流 | 變 | 化 | 所 | 作 | 舍 | 利 |
| | | | | | | | | | |
| | | | | | | | | | |
| | | | | | | | | | |
| | | | | | | | | | |
| | | | | | | | | | |
| | | | | | | | | | |

▶ 舍利弗(사리불) : 사리불아.

| 弗 | 彼 | 佛 | 國 | 土 | 微 | 風 | 吹 | 動 | 諸 |
|---|---|---|---|---|---|---|---|---|---|
| 아닐 **불** | 저 **피** | 부처님 **불** | 나라 **국** | 흙 **토** | 작을 **미** | 바람 **풍** | 불 **취** | 움직일 **동** | 모두 **제** |
| 弓 5획 | 彳 8획 | 亻 7획 | 口 11획 | 土 3획 | 彳 13획 | 風 9획 | 口 7획 | 力 11획 | 言 16획 |
| 弗 | 彼 | 佛 | 國 | 土 | 微 | 風 | 吹 | 動 | 諸 |
| 弗 | 彼 | 佛 | 國 | 土 | 微 | 風 | 吹 | 動 | 諸 |
| 弗 | 彼 | 佛 | 國 | 土 | 微 | 風 | 吹 | 動 | 諸 |
| | | | | | | | | | |
| | | | | | | | | | |
| | | | | | | | | | |
| | | | | | | | | | |
| | | | | | | | | | |
| | | | | | | | | | |

▶ **彼佛國土 微風吹動 諸寶行樹**(피불국토 미풍취동 제보행수) : 불국토에 서늘한 미풍이 불면 갖가지 보배 나무와.

| 寶 | 行 | 樹 | 及 | 寶 | 羅 | 網 | 出 | 微 | 妙 |
|---|---|---|---|---|---|---|---|---|---|
| 보배 **보** | 항렬 **항** | 나무 **수** | 미칠 **급** | 보배 **보** | 벌릴 **라** | 그물 **망** | 날 **출** | 작을 **미** | 묘할 **묘** |
| 宀 20획 | 行 6획 | 木 16획 | 又 4획 | 宀 20획 | 罒 19획 | 糸 14획 | 凵 5획 | 彳 13획 | 女 7획 |
| 寶 | 行 | 樹 | 及 | 寶 | 羅 | 網 | 出 | 微 | 妙 |
| 寶 | 行 | 樹 | 及 | 寶 | 羅 | 網 | 出 | 微 | 妙 |
| 寶 | 行 | 樹 | 及 | 寶 | 羅 | 網 | 出 | 微 | 妙 |

▶ **及 寶羅網 出微妙音**(급 보라망 출미묘음) : 보배 나무와 보배 그물을 흔들면 아름다운 소리가 나와.

| 音 | 譬 | 如 | 百 | 千 | 種 | 樂 | 同 | 時 | 俱 |
|---|---|---|---|---|---|---|---|---|---|
| 소리 음 | 비유할 비 | 같을 여 | 백 백 | 일천 천 | 종류 종 | 풍류 악 | 같을 동 | 때 시 | 함께 구 |
| 音 9획 | 言 20획 | 女 6획 | 白 6획 | 十 3획 | 禾 14획 | 木 15획 | 口 6획 | 日 10획 | 人 10획 |
| 音 | 譬 | 如 | 百 | 千 | 種 | 樂 | 同 | 時 | 俱 |
| 音 | 譬 | 如 | 百 | 千 | 種 | 樂 | 同 | 時 | 俱 |
| 音 | 譬 | 如 | 百 | 千 | 種 | 樂 | 同 | 時 | 俱 |
| | | | | | | | | | |
| | | | | | | | | | |
| | | | | | | | | | |
| | | | | | | | | | |
| | | | | | | | | | |
| | | | | | | | | | |

▶ **譬如百千種樂 同時俱作**(비여백천종악 동시구작) : 마치 백천 가지 악기에서 음악이 일시에 울리는 것과 같으니라.

| 作 | 聞 | 是 | 音 | 者 | 自 | 然 | 皆 | 生 | 念 |
|---|---|---|---|---|---|---|---|---|---|
| 지을 작 | 들을 문 | 이 시 | 소리 음 | 사람 자 | 스스로 자 | 그럴 연 | 다 개 | 날 생 | 생각 염 |
| 人 7획 | 耳 14획 | 日 9획 | 音 9획 | 老 9획 | 自 6획 | 火(灬) 12획 | 白 9획 | 生 5획 | 心 8획 |
| 作 | 聞 | 是 | 音 | 者 | 自 | 然 | 皆 | 生 | 念 |
| 作 | 聞 | 是 | 音 | 者 | 自 | 然 | 皆 | 生 | 念 |
| 作 | 聞 | 是 | 音 | 者 | 自 | 然 | 皆 | 生 | 念 |
| | | | | | | | | | |
| | | | | | | | | | |
| | | | | | | | | | |
| | | | | | | | | | |
| | | | | | | | | | |
| | | | | | | | | | |

▶ **聞是音者 自然皆生念佛念法念僧之心**(문시음자 자연개생염불염법염승지심) : 이 소리를 듣는 사람은 부처님을 생각하고, 법을 생각하고, 스님들을 생각하는 마음이 절로 우러난다.

| 佛 | 念 | 法 | 念 | 僧 | 之 | 心 | 舍 | 利 | 弗 |
|---|---|---|---|---|---|---|---|---|---|
| 부처님 **불** | 생각 **염** | 법 **법** | 생각 **염** | 승려 **승** | 갈 **지** | 마음 **심** | 집 **사** | 이로울 **리** | 아닐 **불** |
| 亻 7획 | 心 8획 | 水(氵) 8획 | 心 8획 | 人 14획 | ノ 4획 | 心 4획 | 舌 8획 | 刀(刂) 7획 | 弓 5획 |
| 佛 | 念 | 法 | 念 | 僧 | 之 | 心 | 舍 | 利 | 弗 |
| 佛 | 念 | 法 | 念 | 僧 | 之 | 心 | 舍 | 利 | 弗 |
| 佛 | 念 | 法 | 念 | 僧 | 之 | 心 | 舍 | 利 | 弗 |

▶ 舍利弗(사리불) : 사리불아.

| 其 | 佛 | 國 | 土 | 成 | 就 | 如 | 是 | 功 | 德 |
|---|---|---|---|---|---|---|---|---|---|
| 그 기 | 부처님 불 | 나라 국 | 흙 토 | 이룰 성 | 나아갈 취 | 같을 여 | 이 시 | 공 공 | 큰 덕 |
| 八 8획 | 亻 7획 | 口 11획 | 土 3획 | 戈 7획 | 尢 12획 | 女 6획 | 日 9획 | 力 5획 | 彳 15획 |
| 其 | 佛 | 國 | 土 | 成 | 就 | 如 | 是 | 功 | 德 |
| 其 | 佛 | 國 | 土 | 成 | 就 | 如 | 是 | 功 | 德 |
| 其 | 佛 | 國 | 土 | 成 | 就 | 如 | 是 | 功 | 德 |
| | | | | | | | | | |
| | | | | | | | | | |
| | | | | | | | | | |
| | | | | | | | | | |
| | | | | | | | | | |
| | | | | | | | | | |

▶ **其佛國土 成就如是功德莊嚴**(기불국토 성취여시공덕장엄) : 극락세계는 공덕장엄으로 이루어졌느니라.

| 莊 | 嚴 | 舍 | 利 | 弗 | 於 | 汝 | 意 | 云 | 何 |
|---|---|---|---|---|---|---|---|---|---|
| 씩씩할 **장** | 엄할 **엄** | 집 **사** | 이로울 **리** | 아닐 **불** | 어조사 **어** | 너 **여** | 뜻 **의** | 이를 **운** | 어찌 **하** |
| 艸(艹) 11획 | 口 20획 | 舌 8획 | 刀(刂) 7획 | 弓 5획 | 方 8획 | 水(氵) 6획 | 心 13획 | 二 4획 | 人 7획 |
| 莊 | 嚴 | 舍 | 利 | 弗 | 於 | 汝 | 意 | 云 | 何 |
| 莊 | 嚴 | 舍 | 利 | 弗 | 於 | 汝 | 意 | 云 | 何 |
| 莊 | 嚴 | 舍 | 利 | 弗 | 於 | 汝 | 意 | 云 | 何 |
| | | | | | | | | | |
| | | | | | | | | | |
| | | | | | | | | | |
| | | | | | | | | | |
| | | | | | | | | | |
| | | | | | | | | | |

▶ 舍利弗 於汝意云何 彼佛 何故 號 阿彌陀(사리불 어여의운하 피불 하고 호 아미타)
: 사리불아, 그 부처님을 어찌하여 아미타불이라고 부르는지 아느냐.

| 彼 | 佛 | 何 | 故 | 號 | 阿 | 彌 | 陀 | 舍 | 利 |
|---|---|---|---|---|---|---|---|---|---|
| 저 **피** | 부처님 **불** | 어찌 **하** | 연고 **고** | 이름 **호** | 언덕 **아** | 그칠 **미** | 비탈질 **타** | 집 **사** | 이로울 **리** |
| 彳 8획 | 亻 7획 | 人 7획 | 攴 9획 | 虍 13획 | 阝 8획 | 弓 17획 | 阝 8획 | 舌 8획 | 刀(刂) 7획 |
| 彼 | 佛 | 何 | 故 | 號 | 阿 | 彌 | 陀 | 舍 | 利 |
| 彼 | 佛 | 何 | 故 | 號 | 阿 | 彌 | 陀 | 舍 | 利 |
| 彼 | 佛 | 何 | 故 | 號 | 阿 | 彌 | 陀 | 舍 | 利 |

▶ 舍利弗 彼佛 光明無量(사리불 피불 광명무량) : 사리불아, 그 부처님의 광명이 한량 없어.

| 弗 | 彼 | 佛 | 光 | 明 | 無 | 量 | 照 | 十 | 方 |
|---|---|---|---|---|---|---|---|---|---|
| 아닐 **불** | 저 **피** | 부처님 **불** | 빛 **광** | 밝을 **명** | 없을 **무** | 헤아릴 **량** | 비칠 **조** | 열 **십(시)** | 방위 **방** |
| 弓 5획 | 彳 8획 | 亻 7획 | 儿 6획 | 日 8획 | 火(灬) 12획 | 里 12획 | 火(灬) 13획 | 十 2획 | 方 4획 |
| 弗 | 彼 | 佛 | 光 | 明 | 無 | 量 | 照 | 十 | 方 |
| 弗 | 彼 | 佛 | 光 | 明 | 無 | 量 | 照 | 十 | 方 |
| 弗 | 彼 | 佛 | 光 | 明 | 無 | 量 | 照 | 十 | 方 |
| | | | | | | | | | |
| | | | | | | | | | |
| | | | | | | | | | |
| | | | | | | | | | |
| | | | | | | | | | |
| | | | | | | | | | |

▶ **照十方國 無所障碍 是故**(조시방국 무소장애 시고) : 시방세계의 모든 나라를 두루 비추어도 걸림이 없음으로.

※ 十(시) : 한자음으로는 '열 십' 으로 발음한다.

| 國 | 無 | 所 | 障 | 碍 | 是 | 故 | 號 | 爲 | 阿 |
|---|---|---|---|---|---|---|---|---|---|
| 나라 국 | 없을 무 | 바 소 | 막을 장 | 거리낄 애 | 이 시 | 연고 고 | 이름 호 | 할 위 | 언덕 아 |
| 口 11획 | 火(灬) 12획 | 戶 8획 | 阝 14획 | 石 13획 | 日 9획 | 攴 9획 | 虍 13획 | 爪 12획 | 阝 8획 |
| 國 | 無 | 所 | 障 | 碍 | 是 | 故 | 號 | 爲 | 阿 |
| 國 | 無 | 所 | 障 | 碍 | 是 | 故 | 號 | 爲 | 阿 |
| 國 | 無 | 所 | 障 | 碍 | 是 | 故 | 號 | 爲 | 阿 |
| | | | | | | | | | |
| | | | | | | | | | |
| | | | | | | | | | |
| | | | | | | | | | |
| | | | | | | | | | |
| | | | | | | | | | |

※ 碍(애) : 礙의 속자.

▶ 號爲阿彌陀(호위아미타) : 아미타불이라 하느니라.

| 彌 | 陀 | 又 | 舍 | 利 | 弗 | 彼 | 佛 | 壽 | 命 |
|---|---|---|---|---|---|---|---|---|---|
| 그칠 **미** | 비탈질 **타** | 또 **우** | 집 **사** | 이로울 **리** | 아닐 **불** | 저 **피** | 부처님 **불** | 목숨 **수** | 목숨 **명** |
| 弓 17획 | 阝 8획 | 又 2획 | 舌 8획 | 刀(刂) 7획 | 弓 5획 | 彳 8획 | 亻 7획 | 士 14획 | 口 8획 |
| 彌 | 陀 | 又 | 舍 | 利 | 弗 | 彼 | 佛 | 壽 | 命 |
| 彌 | 陀 | 又 | 舍 | 利 | 弗 | 彼 | 佛 | 壽 | 命 |
| 彌 | 陀 | 又 | 舍 | 利 | 弗 | 彼 | 佛 | 壽 | 命 |
| | | | | | | | | | |
| | | | | | | | | | |
| | | | | | | | | | |
| | | | | | | | | | |
| | | | | | | | | | |
| | | | | | | | | | |

▶ 又 舍利弗 彼佛壽命(우 사리불 피불수명) : 또 그 부처님의 수명과.

| 及 | 其 | 人 | 民 | 無 | 量 | 無 | 邊 | 阿 | 僧 |
|---|---|---|---|---|---|---|---|---|---|
| 미칠 급 | 그 기 | 사람 인 | 백성 민 | 없을 무 | 헤아릴 량 | 없을 무 | 가 변 | 언덕 아 | 승려 승 |
| 又 4획 | 八 8획 | 人 2획 | 氏 5획 | 火(灬) 12획 | 里 12획 | 火(灬) 12획 | 辶 19획 | 阝 8획 | 人 14획 |
| 及 | 其 | 人 | 民 | 無 | 量 | 無 | 邊 | 阿 | 僧 |
| 及 | 其 | 人 | 民 | 無 | 量 | 無 | 邊 | 阿 | 僧 |
| 及 | 其 | 人 | 民 | 無 | 量 | 無 | 邊 | 阿 | 僧 |
| | | | | | | | | | |
| | | | | | | | | | |
| | | | | | | | | | |
| | | | | | | | | | |
| | | | | | | | | | |
| | | | | | | | | | |

▶ 及其人民 無量無邊阿僧祇劫 故名 阿彌陀(급기인민 무량무변아승지겁 고명 아미타)
: 그 나라 사람들의 수명이 한량없는 아승지겁이므로, 아미타불이라 하느니라.

| 祇 | 劫 | 故 | 名 | 阿 | 彌 | 陀 | 舍 | 利 | 弗 |
|---|---|---|---|---|---|---|---|---|---|
| 공경할 **지** | 겁 **겁** | 연고 **고** | 이름 **명** | 언덕 **아** | 그칠 **미** | 비탈질 **타** | 집 **사** | 이로울 **리** | 아닐 **불** |
| 示 10획 | 力 7획 | 攴 9획 | 口 6획 | 阝 8획 | 弓 17획 | 阝 8획 | 舌 8획 | 刀(刂) 7획 | 弓 5획 |
| 祇 | 劫 | 故 | 名 | 阿 | 彌 | 陀 | 舍 | 利 | 弗 |
| 祇 | 劫 | 故 | 名 | 阿 | 彌 | 陀 | 舍 | 利 | 弗 |
| 祇 | 劫 | 故 | 名 | 阿 | 彌 | 陀 | 舍 | 利 | 弗 |
| | | | | | | | | | |
| | | | | | | | | | |
| | | | | | | | | | |
| | | | | | | | | | |
| | | | | | | | | | |
| | | | | | | | | | |

▶ 舍利弗 阿彌陀佛 成佛以來(사리불 아미타불 성불이래) : 사리불아, 아미타불께서 부처가 된 지.

| 阿 | 彌 | 陀 | 佛 | 成 | 佛 | 以 | 來 | 於 | 今 |
|---|---|---|---|---|---|---|---|---|---|
| 언덕 아 | 그칠 미 | 비탈질 타 | 부처님 불 | 이룰 성 | 부처님 불 | 써 이 | 올 래 | 어조사 어 | 이제 금 |
| 阝 8획 | 弓 17획 | 阝 8획 | 亻 7획 | 戈 7획 | 亻 7획 | 人 5획 | 人 8획 | 方 8획 | 人 4획 |
| 阿 | 彌 | 陀 | 佛 | 成 | 佛 | 以 | 來 | 於 | 今 |
| 阿 | 彌 | 陀 | 佛 | 成 | 佛 | 以 | 來 | 於 | 今 |
| 阿 | 彌 | 陀 | 佛 | 成 | 佛 | 以 | 來 | 於 | 今 |
| | | | | | | | | | |
| | | | | | | | | | |
| | | | | | | | | | |
| | | | | | | | | | |
| | | | | | | | | | |
| | | | | | | | | | |

▶ 於今十劫(어금십겁) : 이미 열 겁의 세월이 지났느니라.

| 十 | 劫 | 又 | 舍 | 利 | 弗 | 彼 | 佛 | 有 | 無 |
|---|---|---|---|---|---|---|---|---|---|
| 열 십 | 겁 겁 | 또 우 | 집 사 | 이로울 리 | 아닐 불 | 저 피 | 부처님 불 | 있을 유 | 없을 무 |
| 十 2획 | 力 7획 | 又 2획 | 舌 8획 | 刀(刂) 7획 | 弓 5획 | 彳 8획 | 亻 7획 | 月 6획 | 火(灬) 12획 |
| 十 | 劫 | 又 | 舍 | 利 | 弗 | 彼 | 佛 | 有 | 無 |
| 十 | 劫 | 又 | 舍 | 利 | 弗 | 彼 | 佛 | 有 | 無 |
| 十 | 劫 | 又 | 舍 | 利 | 弗 | 彼 | 佛 | 有 | 無 |
| | | | | | | | | | |
| | | | | | | | | | |
| | | | | | | | | | |
| | | | | | | | | | |
| | | | | | | | | | |
| | | | | | | | | | |

▶ 又 舍利弗 彼佛 有無量無邊(우 사리불 피불 유무량무변) : 사리불아, 그 부처님에게는 헤아릴 수 없이 많은.

| 量 | 無 | 邊 | 聲 | 聞 | 弟 | 子 | 皆 | 阿 | 羅 |
|---|---|---|---|---|---|---|---|---|---|
| 헤아릴 **량** | 없을 **무** | 가 **변** | 소리 **성** | 들을 **문** | 아우 **제** | 아들 **자** | 다 **개** | 언덕 **아** | 벌릴 **라** |
| 里 12획 | 火(灬) 12획 | 辶 19획 | 耳 17획 | 耳 14획 | 弓 7획 | 子 3획 | 白 9획 | 阝 8획 | 罒 19획 |
| 量 | 無 | 邊 | 聲 | 聞 | 弟 | 子 | 皆 | 阿 | 羅 |
| 量 | 無 | 邊 | 聲 | 聞 | 弟 | 子 | 皆 | 阿 | 羅 |
| 量 | 無 | 邊 | 聲 | 聞 | 弟 | 子 | 皆 | 阿 | 羅 |
| | | | | | | | | | |
| | | | | | | | | | |
| | | | | | | | | | |
| | | | | | | | | | |
| | | | | | | | | | |
| | | | | | | | | | |

▶ **聲聞弟子 皆阿羅漢**(성문제자 개아라한) : 성문제자들이 있는데 모두 아라한들이다.

| 漢 | 非 | 是 | 算 | 數 | 之 | 所 | 能 | 知 | 諸 |
|---|---|---|---|---|---|---|---|---|---|
| 한수 한 | 아닐 비 | 이 시 | 셈할 산 | 셀 수 | 갈 지 | 바 소 | 능할 능 | 알 지 | 모두 제 |
| 水(氵) 14획 | 非 8획 | 日 9획 | 竹 14획 | 攴 15획 | 丿 4획 | 戶 8획 | 肉(月) 10획 | 矢 8획 | 言 16획 |
| 漢 | 非 | 是 | 算 | 數 | 之 | 所 | 能 | 知 | 諸 |
| 漢 | 非 | 是 | 算 | 數 | 之 | 所 | 能 | 知 | 諸 |
| 漢 | 非 | 是 | 算 | 數 | 之 | 所 | 能 | 知 | 諸 |
|  |  |  |  |  |  |  |  |  |  |
|  |  |  |  |  |  |  |  |  |  |
|  |  |  |  |  |  |  |  |  |  |
|  |  |  |  |  |  |  |  |  |  |
|  |  |  |  |  |  |  |  |  |  |
|  |  |  |  |  |  |  |  |  |  |

▶ **非是算數之所能知 諸菩薩 亦復如是**(비시산수지소능지 제보살 역부여시) : 어떠한 수학으로도 그 수효는 헤아릴 수 없고, 또한 여러 보살 대중들도 이와 같다.

| 菩 | 薩 | 亦 | 復 | 如 | 是 | 舍 | 利 | 弗 | 彼 |
|---|---|---|---|---|---|---|---|---|---|
| 보살 **보** | 보살 **살** | 또 **역** | 다시 **부** | 같을 **여** | 이 **시** | 집 **사** | 이로울 **리** | 아닐 **불** | 저 **피** |
| 艸(艹) 12획 | 艸(艹) 18획 | 亠 6획 | 彳 12획 | 女 6획 | 日 9획 | 舌 8획 | 刀(刂) 7획 | 弓 5획 | 彳 8획 |
| 菩 | 薩 | 亦 | 復 | 如 | 是 | 舍 | 利 | 弗 | 彼 |
| 菩 | 薩 | 亦 | 復 | 如 | 是 | 舍 | 利 | 弗 | 彼 |
| 菩 | 薩 | 亦 | 復 | 如 | 是 | 舍 | 利 | 弗 | 彼 |
| | | | | | | | | | |
| | | | | | | | | | |
| | | | | | | | | | |
| | | | | | | | | | |
| | | | | | | | | | |
| | | | | | | | | | |

▶ 舍利弗 彼佛國土(사리불 피불국토) : 사리불아, 극락세계는.

| 佛 | 國 | 土 | 成 | 就 | 如 | 是 | 功 | 德 | 莊 |
|---|---|---|---|---|---|---|---|---|---|
| 부처님 불 | 나라 국 | 흙 토 | 이룰 성 | 나아갈 취 | 같을 여 | 이 시 | 공 공 | 큰 덕 | 씩씩할 장 |
| 亻 7획 | 口 11획 | 土 3획 | 戈 7획 | 尢 12획 | 女 6획 | 日 9획 | 力 5획 | 彳 15획 | 艸(艹) 11획 |
| 佛 | 國 | 土 | 成 | 就 | 如 | 是 | 功 | 德 | 莊 |
| 佛 | 國 | 土 | 成 | 就 | 如 | 是 | 功 | 德 | 莊 |
| 佛 | 國 | 土 | 成 | 就 | 如 | 是 | 功 | 德 | 莊 |
| | | | | | | | | | |
| | | | | | | | | | |
| | | | | | | | | | |
| | | | | | | | | | |
| | | | | | | | | | |
| | | | | | | | | | |

▶ 成就如是功德莊嚴(성취여시공덕장엄) : 이와 같이 공덕장엄으로 이루어 졌느니라.

| 嚴 | 又 | 舍 | 利 | 弗 | 極 | 樂 | 國 | 土 | 衆 |
|---|---|---|---|---|---|---|---|---|---|
| 엄할 **엄** | 또 **우** | 집 **사** | 이로울 **리** | 아닐 **불** | 다할 **극** | 즐길 **락** | 나라 **국** | 흙 **토** | 무리 **중** |
| 口 20획 | 又 2획 | 舌 8획 | 刀(刂) 7획 | 弓 5획 | 木 13획 | 木 15획 | 口 11획 | 土 3획 | 血 12획 |
| 嚴 | 又 | 舍 | 利 | 弗 | 極 | 樂 | 國 | 土 | 衆 |
| 嚴 | 又 | 舍 | 利 | 弗 | 極 | 樂 | 國 | 土 | 衆 |
| 嚴 | 又 | 舍 | 利 | 弗 | 極 | 樂 | 國 | 土 | 衆 |
|  |  |  |  |  |  |  |  |  |  |
|  |  |  |  |  |  |  |  |  |  |
|  |  |  |  |  |  |  |  |  |  |
|  |  |  |  |  |  |  |  |  |  |
|  |  |  |  |  |  |  |  |  |  |
|  |  |  |  |  |  |  |  |  |  |

▶ **又 舍利弗 極樂國土 衆生生者 皆是阿鞞跋致**(우 사리불 국락국토 중생생자 개시아비발치): 사리불아, 극락세계에 태어나는 중생들은 모두 다 보리심에서 물러나지 않는 불퇴전의 경지에 있는 이들이며.

| 生 | 生 | 者 | 皆 | 是 | 阿 | 鞞 | 跋 | 致 | 其 |
|---|---|---|---|---|---|---|---|---|---|
| 날 생 | 날 생 | 사람 자 | 다 개 | 이 시 | 언덕 아 | 말에맨북 비 | 밟을 발 | 이를 치 | 그 기 |
| 生 5획 | 生 5획 | 老 9획 | 白 9획 | 日 9획 | 阝 8획 | 革 17획 | 足 12획 | 至 10획 | 八 8획 |
| 生 | 生 | 者 | 皆 | 是 | 阿 | 鞞 | 跋 | 致 | 其 |
| 生 | 生 | 者 | 皆 | 是 | 阿 | 鞞 | 跋 | 致 | 其 |
| 生 | 生 | 者 | 皆 | 是 | 阿 | 鞞 | 跋 | 致 | 其 |
| | | | | | | | | | |
| | | | | | | | | | |
| | | | | | | | | | |
| | | | | | | | | | |
| | | | | | | | | | |
| | | | | | | | | | |

▶ **其中多有一生補處**(기중다유일생보처) : 그 가운데는 다음 생에 보처가 되는.

| 中 | 多 | 有 | 一 | 生 | 補 | 處 | 其 | 數 | 甚 |
|---|---|---|---|---|---|---|---|---|---|
| 가운데 **중** | 많을 **다** | 있을 **유** | 한 **일** | 날 **생** | 도울 **보** | 곳 **처** | 그 **기** | 셀 **수** | 심할 **심** |
| 丨 4획 | 夕 6획 | 月 6획 | 一 1획 | 生 5획 | 衣(衤) 12획 | 虍 11획 | 八 8획 | 攵 15획 | 甘 9획 |
| 中 | 多 | 有 | 一 | 生 | 補 | 處 | 其 | 數 | 甚 |
| 中 | 多 | 有 | 一 | 生 | 補 | 處 | 其 | 數 | 甚 |
| 中 | 多 | 有 | 一 | 生 | 補 | 處 | 其 | 數 | 甚 |
| | | | | | | | | | |
| | | | | | | | | | |
| | | | | | | | | | |
| | | | | | | | | | |
| | | | | | | | | | |
| | | | | | | | | | |

▶ **其數甚多**(기수심다) : 이들이 수없이 많아서.

| 多 | 非 | 是 | 算 | 數 | 所 | 能 | 知 | 之 | 但 |
|---|---|---|---|---|---|---|---|---|---|
| 많을 다 | 아닐 비 | 이 시 | 셈할 산 | 셀 수 | 바 소 | 능할 능 | 알 지 | 갈 지 | 다만 단 |
| 夕 6획 | 非 8획 | 日 9획 | 竹 14획 | 支 15획 | 戶 8획 | 肉(月) 10획 | 矢 8획 | ノ 4획 | 人 7획 |
| 多 | 非 | 是 | 算 | 數 | 所 | 能 | 知 | 之 | 但 |
| 多 | 非 | 是 | 算 | 數 | 所 | 能 | 知 | 之 | 但 |
| 多 | 非 | 是 | 算 | 數 | 所 | 能 | 知 | 之 | 但 |
| | | | | | | | | | |
| | | | | | | | | | |
| | | | | | | | | | |
| | | | | | | | | | |
| | | | | | | | | | |
| | | | | | | | | | |

▶ 非是算數所能知之(비시산수소능지지) : 이와 같이 숫자로는 비유할 수가 없고.

| 可 | 以 | 無 | 量 | 無 | 邊 | 阿 | 僧 | 祇 |
|---|---|---|---|---|---|---|---|---|
| 옳을 **가** | 써 **이** | 없을 **무** | 헤아릴 **량** | 없을 **무** | 가 **변** | 언덕 **아** | 승려 **승** | 공경할 **지** |
| 口 5획 | 人 5획 | 火(灬) 12획 | 里 12획 | 火(灬) 12획 | 辶 19획 | 阝 8획 | 人 14획 | 示 10획 |
| 可 | 以 | 無 | 量 | 無 | 邊 | 阿 | 僧 | 祇 |
| 可 | 以 | 無 | 量 | 無 | 邊 | 阿 | 僧 | 祇 |
| 可 | 以 | 無 | 量 | 無 | 邊 | 阿 | 僧 | 祇 |

▶ **但可以無量無邊阿僧祇說**(단가이무량무변아승지설) : 다만, 무량 무변한 아승지로 표현할 수 밖에 없다.

| 說 | 舍 | 利 | 弗 | 衆 | 生 | 聞 | 者 | 應 | 當 |
|---|---|---|---|---|---|---|---|---|---|
| 말씀 **설** | 집 **사** | 이로울 **리** | 아닐 **불** | 무리 **중** | 날 **생** | 들을 **문** | 사람 **자** | 응할 **응** | 마땅할 **당** |
| 言 14획 | 舌 8획 | 刀(刂) 7획 | 弓 5획 | 血 12획 | 生 5획 | 耳 14획 | 老 9획 | 心 17획 | 田 13획 |
| 說 | 舍 | 利 | 弗 | 衆 | 生 | 聞 | 者 | 應 | 當 |
| 說 | 舍 | 利 | 弗 | 衆 | 生 | 聞 | 者 | 應 | 當 |
| 說 | 舍 | 利 | 弗 | 衆 | 生 | 聞 | 者 | 應 | 當 |
| | | | | | | | | | |
| | | | | | | | | | |
| | | | | | | | | | |
| | | | | | | | | | |
| | | | | | | | | | |
| | | | | | | | | | |

▶ **舍利弗 衆生聞者 應當發願 願生彼國**(사리불 중생문자 응당발원 원생피국) : 사리불아, 이 말을 들은 중생들은 마땅히 서원을 세워 극락세계에 태어나기를 발원해야 하느니라.

| 發 | 願 | 願 | 生 | 彼 | 國 | 所 | 以 | 者 | 何 |
| --- | --- | --- | --- | --- | --- | --- | --- | --- | --- |
| 필 발 | 원할 원 | 원할 원 | 날 생 | 저 피 | 나라 국 | 바 소 | 써 이 | 사람 자 | 어찌 하 |
| 癶 12획 | 頁 19획 | 頁 19획 | 生 5획 | 彳 8획 | 口 11획 | 戶 8획 | 人 5획 | 老 9획 | 人 7획 |
| 發 | 願 | 願 | 生 | 彼 | 國 | 所 | 以 | 者 | 何 |
| 發 | 願 | 願 | 生 | 彼 | 國 | 所 | 以 | 者 | 何 |
| 發 | 願 | 願 | 生 | 彼 | 國 | 所 | 以 | 者 | 何 |
|  |  |  |  |  |  |  |  |  |  |
|  |  |  |  |  |  |  |  |  |  |
|  |  |  |  |  |  |  |  |  |  |
|  |  |  |  |  |  |  |  |  |  |
|  |  |  |  |  |  |  |  |  |  |
|  |  |  |  |  |  |  |  |  |  |

▶ 所以者何 得與如是諸上善人 俱會一處(소이자하 득여여시제상선인 구회일처) : 왜냐하면 그들과 같아서 극락세계에서 가장 으뜸가는 사람들과 한데 모여 살 수 있기 때문이니라.

| 得 | 與 | 如 | 是 | 諸 | 上 | 善 | 人 | 俱 | 會 |
|---|---|---|---|---|---|---|---|---|---|
| 얻을 득 | 더불어 여 | 같을 여 | 이 시 | 모두 제 | 위 상 | 착할 선 | 사람 인 | 함께 구 | 모일 회 |
| 彳 11획 | 臼 14획 | 女 6획 | 日 9획 | 言 16획 | 一 3획 | 口 12획 | 人 2획 | 人 10획 | 日 13획 |
| 得 | 與 | 如 | 是 | 諸 | 上 | 善 | 人 | 俱 | 會 |
| 得 | 與 | 如 | 是 | 諸 | 上 | 善 | 人 | 俱 | 會 |
| 得 | 與 | 如 | 是 | 諸 | 上 | 善 | 人 | 俱 | 會 |
| | | | | | | | | | |
| | | | | | | | | | |
| | | | | | | | | | |
| | | | | | | | | | |
| | | | | | | | | | |
| | | | | | | | | | |

♧ 탐애에서 탐애가 생기고, 탐애에서 미움이 생기며, 미움에서 미움이 생긴다.

「잡아함경」

| 一 | 處 | 舍 | 利 | 弗 | 不 | 可 | 以 | 少 | 善 |
|---|---|---|---|---|---|---|---|---|---|
| 한 **일** | 곳 **처** | 집 **사** | 이로울 **리** | 아닐 **불** | 아니 **불** | 옳을 **가** | 써 **이** | 적을 **소** | 착할 **선** |
| 一 1획 | 虍 11획 | 舌 8획 | 刀(刂) 7획 | 弓 5획 | 一 4획 | 口 5획 | 人 5획 | 小 4획 | 口 12획 |
| 一 | 處 | 舍 | 利 | 弗 | 不 | 可 | 以 | 少 | 善 |
| 一 | 處 | 舍 | 利 | 弗 | 不 | 可 | 以 | 少 | 善 |
| 一 | 處 | 舍 | 利 | 弗 | 不 | 可 | 以 | 少 | 善 |
| | | | | | | | | | |
| | | | | | | | | | |
| | | | | | | | | | |
| | | | | | | | | | |
| | | | | | | | | | |
| | | | | | | | | | |

▶ **舍利弗 不可以少善根福德因緣 得生彼國**(사리불 불가이소선근복덕인연 득생피국) : 사리불아, 조그마한 선근이나 복덕의 인연으로는 저 극락세계에 왕생할 수 없느니라.

| 根 | 福 | 德 | 因 | 緣 | 得 | 生 | 彼 | 國 | 舍 |
|---|---|---|---|---|---|---|---|---|---|
| 뿌리 근 | 복 복 | 큰 덕 | 인할 인 | 인연 연 | 얻을 득 | 날 생 | 저 피 | 나라 국 | 집 사 |
| 木 10획 | 示 14획 | 彳 15획 | 口 6획 | 糸 15획 | 彳 11획 | 生 5획 | 彳 8획 | 口 11획 | 舌 8획 |
| 根 | 福 | 德 | 因 | 緣 | 得 | 生 | 彼 | 國 | 舍 |
| 根 | 福 | 德 | 因 | 緣 | 得 | 生 | 彼 | 國 | 舍 |
| 根 | 福 | 德 | 因 | 緣 | 得 | 生 | 彼 | 國 | 舍 |
| | | | | | | | | | |
| | | | | | | | | | |
| | | | | | | | | | |
| | | | | | | | | | |
| | | | | | | | | | |
| | | | | | | | | | |

▶ 舍利弗(사리불) : 사리불아.

| 利 | 弗 | 若 | 有 | 善 | 男 | 子 | 善 | 女 | 人 |
|---|---|---|---|---|---|---|---|---|---|
| 이로울 **리** | 아닐 **불** | 같을 **약** | 있을 **유** | 착할 **선** | 사내 **남** | 아들 **자** | 착할 **선** | 계집 **여** | 사람 **인** |
| 刀 7획 | 弓 5획 | 艸(++) 9획 | 月 6획 | 口 12획 | 田 7획 | 子 3획 | 口 12획 | 女 3획 | 人 2획 |
| 利 | 弗 | 若 | 有 | 善 | 男 | 子 | 善 | 女 | 人 |
| 利 | 弗 | 若 | 有 | 善 | 男 | 子 | 善 | 女 | 人 |
| 利 | 弗 | 若 | 有 | 善 | 男 | 子 | 善 | 女 | 人 |
|  |  |  |  |  |  |  |  |  |  |
|  |  |  |  |  |  |  |  |  |  |
|  |  |  |  |  |  |  |  |  |  |
|  |  |  |  |  |  |  |  |  |  |
|  |  |  |  |  |  |  |  |  |  |
|  |  |  |  |  |  |  |  |  |  |

▶ 若有善男子善女人 聞說阿彌陀佛 執持名號(약유선남자선여인 문설아미타불 집시명호)
: 선남자·선여인이 아미타불에 대한 설법을 듣고 그 명호(이름)를 굳게 지니어.

| 聞 | 說 | 阿 | 彌 | 陀 | 佛 | 執 | 持 | 名 | 號 |
|---|---|---|---|---|---|---|---|---|---|
| 들을 문 | 말씀 설 | 언덕 아 | 그칠 미 | 비탈질 타 | 부처님 불 | 잡을 집 | 가질 지 | 이름 명 | 이름 호 |
| 耳 14획 | 言 14획 | 阝 8획 | 弓 17획 | 阝 8획 | 亻 7획 | 土 11획 | 手 9획 | 口 6획 | 虍 13획 |
| 聞 | 說 | 阿 | 彌 | 陀 | 佛 | 執 | 持 | 名 | 號 |
| 聞 | 說 | 阿 | 彌 | 陀 | 佛 | 執 | 持 | 名 | 號 |
| 聞 | 說 | 阿 | 彌 | 陀 | 佛 | 執 | 持 | 名 | 號 |
|  |  |  |  |  |  |  |  |  |  |
|  |  |  |  |  |  |  |  |  |  |
|  |  |  |  |  |  |  |  |  |  |
|  |  |  |  |  |  |  |  |  |  |
|  |  |  |  |  |  |  |  |  |  |
|  |  |  |  |  |  |  |  |  |  |

♧ 믿음이란, 계율 · 보시 · 듣기 · 버리기 · 지혜를 믿는 것이니 이것이 믿음이요, 이름을 믿는 것은 믿음이라 할 수 없다.

「잡아함경」

| 若 | 一 | 日 | 若 | 二 | 日 | 若 | 三 | 日 | 若 |
|---|---|---|---|---|---|---|---|---|---|
| 같을 약 | 한 일 | 날 일 | 같을 약 | 두 이 | 날 일 | 같을 약 | 석 삼 | 날 일 | 같을 약 |
| 艸(++) 9획 | 一 1획 | 日 4획 | 艸(++) 9획 | 二 2획 | 日 4획 | 艸(++) 9획 | 一 3획 | 日 4획 | 艸(++) 9획 |
| 若 | 一 | 日 | 若 | 二 | 日 | 若 | 三 | 日 | 若 |
| 若 | 一 | 日 | 若 | 二 | 日 | 若 | 三 | 日 | 若 |
| 若 | 一 | 日 | 若 | 二 | 日 | 若 | 三 | 日 | 若 |
| | | | | | | | | | |
| | | | | | | | | | |
| | | | | | | | | | |
| | | | | | | | | | |
| | | | | | | | | | |
| | | | | | | | | | |

▶ **若一日 若二日 若三日 若四日**(약일일 약이일 약삼일 약사일) : 하루나 이틀 혹은 사흘, 나흘.

| 四 | 日 | 若 | 五 | 日 | 若 | 六 | 日 | 若 | 七 |
|---|---|---|---|---|---|---|---|---|---|
| 넉 사 | 날 일 | 같을 약 | 다섯 오 | 날 일 | 같을 약 | 여섯 육 | 날 일 | 같을 약 | 일곱 칠 |
| 口 5획 | 日 4획 | 艸(++) 9획 | 二 4획 | 日 4획 | 艸(++) 9획 | 八 4획 | 日 4획 | 艸(++) 9획 | 一 2획 |
| 四 | 日 | 若 | 五 | 日 | 若 | 六 | 日 | 若 | 七 |
| 四 | 日 | 若 | 五 | 日 | 若 | 六 | 日 | 若 | 七 |
| 四 | 日 | 若 | 五 | 日 | 若 | 六 | 日 | 若 | 七 |
| | | | | | | | | | |
| | | | | | | | | | |
| | | | | | | | | | |
| | | | | | | | | | |
| | | | | | | | | | |
| | | | | | | | | | |

▶ 若五日 若六日 若七日 一心不亂(약오일 약육일 약칠일 일심불란) : 닷새, 엿새, 이레 동안 한결같은 마음으로 아미타불의 명호를 외우되.

| 日 | 一 | 心 | 不 | 亂 | 其 | 人 | 臨 | 命 | 終 |
|---|---|---|---|---|---|---|---|---|---|
| 날 일 | 한 일 | 마음 심 | 아니 불 | 어지러울 란 | 그 기 | 사람 인 | 임할 임 | 목숨 명 | 마칠 종 |
| 日 4획 | 一 1획 | 心 4획 | 一 4획 | 乙 13획 | 八 8획 | 人 2획 | 臣 17획 | 口 8획 | 糸 11획 |
| 日 | 一 | 心 | 不 | 亂 | 其 | 人 | 臨 | 命 | 終 |
| 日 | 一 | 心 | 不 | 亂 | 其 | 人 | 臨 | 命 | 終 |
| 日 | 一 | 心 | 不 | 亂 | 其 | 人 | 臨 | 命 | 終 |
| | | | | | | | | | |
| | | | | | | | | | |
| | | | | | | | | | |
| | | | | | | | | | |
| | | | | | | | | | |
| | | | | | | | | | |

▶ 基人 臨命終詩(기인 임명종시) : 그 사람은 목숨이 다할 때.

| 時 | 阿 | 彌 | 陀 | 佛 | 與 | 諸 | 聖 | 衆 | 現 |
|---|---|---|---|---|---|---|---|---|---|
| 때 시 | 언덕 아 | 그칠 미 | 비탈질 타 | 부처님 불 | 더불어 여 | 모두 제 | 성인 성 | 무리 중 | 나타날 현 |
| 日 10획 | 阝 8획 | 弓 17획 | 阝 8획 | 亻 7획 | 臼 14획 | 言 16획 | 耳 13획 | 血 12획 | 王 11획 |
| 時 | 阿 | 彌 | 陀 | 佛 | 與 | 諸 | 聖 | 衆 | 現 |
| 時 | 阿 | 彌 | 陀 | 佛 | 與 | 諸 | 聖 | 衆 | 現 |
| 時 | 阿 | 彌 | 陀 | 佛 | 與 | 諸 | 聖 | 衆 | 現 |
| | | | | | | | | | |
| | | | | | | | | | |
| | | | | | | | | | |
| | | | | | | | | | |
| | | | | | | | | | |
| | | | | | | | | | |

▶ 阿彌陀佛 與諸聖衆 現在其前(아미타불 여제성중 현재기전) : 아미타불께서 여러 성인 대중들과 함께 그 사람 앞에 나타나시어.

| 在 | 其 | 前 | 是 | 人 | 終 | 時 | 心 | 不 | 顚 |
|---|---|---|---|---|---|---|---|---|---|
| 있을 재 | 그 기 | 앞 전 | 이 시 | 사람 인 | 마칠 종 | 때 시 | 마음 심 | 아니 불(부) | 엎어질 전 |
| 土 6획 | 八 8획 | 刀(刂) 9획 | 日 9획 | 人 2획 | 糸 11획 | 日 10획 | 心 4획 | 一 4획 | 頁 19획 |
| 在 | 其 | 前 | 是 | 人 | 終 | 時 | 心 | 不 | 顚 |
| 在 | 其 | 前 | 是 | 人 | 終 | 時 | 心 | 不 | 顚 |
| 在 | 其 | 前 | 是 | 人 | 終 | 時 | 心 | 不 | 顚 |
| | | | | | | | | | |
| | | | | | | | | | |
| | | | | | | | | | |
| | | | | | | | | | |
| | | | | | | | | | |
| | | | | | | | | | |

▶ 是人終詩 心不顚倒 (시인종시 심부전도) : 그 사람의 생각이 뒤바뀌지 않으면.

| 倒 | 卽 | 得 | 往 | 生 | 阿 | 彌 | 陀 | 佛 | 極 |
|---|---|---|---|---|---|---|---|---|---|
| 거꾸러질 **도** | 곧 **즉** | 얻을 **득** | 갈 **왕** | 날 **생** | 언덕 **아** | 그칠 **미** | 비탈질 **타** | 부처님 **불** | 다할 **극** |
| 人 10획 | 卩 9획 | 彳 11획 | 彳 8획 | 生 5획 | 阝 8획 | 弓 17획 | 阝 8획 | 亻 7획 | 木 13획 |
| 倒 | 卽 | 得 | 往 | 生 | 阿 | 彌 | 陀 | 佛 | 極 |
| 倒 | 卽 | 得 | 往 | 生 | 阿 | 彌 | 陀 | 佛 | 極 |
| 倒 | 卽 | 得 | 往 | 生 | 阿 | 彌 | 陀 | 佛 | 極 |
| | | | | | | | | | |
| | | | | | | | | | |
| | | | | | | | | | |
| | | | | | | | | | |
| | | | | | | | | | |
| | | | | | | | | | |

▶ **卽得往生 阿彌陀佛極樂國土**(즉득왕생 아미타불극락국토) : 바로 아미타불의 극락 세계에 왕생하게 될 것이다.

☞ 往生(왕생) : 세상을 떠난 뒤 번뇌가 없는 깨끗한 부처의 세상에서 다시 태어나는 것.

| 樂 | 國 | 土 | 舍 | 利 | 弗 | 我 | 見 | 是 | 利 |
|---|---|---|---|---|---|---|---|---|---|
| 즐길 락 | 나라 국 | 흙 토 | 집 사 | 이로울 리 | 아닐 불 | 나 아 | 볼 견 | 이 시 | 이로울 리 |
| 木 15획 | 口 11획 | 土 3획 | 舌 8획 | 刀(刂) 7획 | 弓 5획 | 戈 7획 | 見 7획 | 日 9획 | 刀(刂) 7획 |
| 樂 | 國 | 土 | 舍 | 利 | 弗 | 我 | 見 | 是 | 利 |
| 樂 | 國 | 土 | 舍 | 利 | 弗 | 我 | 見 | 是 | 利 |
| 樂 | 國 | 土 | 舍 | 利 | 弗 | 我 | 見 | 是 | 利 |
|  |  |  |  |  |  |  |  |  |  |
|  |  |  |  |  |  |  |  |  |  |
|  |  |  |  |  |  |  |  |  |  |
|  |  |  |  |  |  |  |  |  |  |
|  |  |  |  |  |  |  |  |  |  |
|  |  |  |  |  |  |  |  |  |  |

▶ 舍利弗 我見是利 故說此言(사리불 아견시리 고설차언) : 사리불아, 나는 이러한 도리를 알고 이런 말을 하는 것이니.

| 故 | 說 | 此 | 言 | 若 | 有 | 衆 | 生 | 聞 | 是 |
|---|---|---|---|---|---|---|---|---|---|
| 옛 고 | 말씀 설 | 이 차 | 말씀 언 | 같을 약 | 있을 유 | 무리 중 | 날 생 | 들을 문 | 이 시 |
| 攴 9획 | 言 14획 | 止 6획 | 言 7획 | 艸(++) 9획 | 月 6획 | 血 12획 | 生 5획 | 耳 14획 | 日 9획 |
| 故 | 說 | 此 | 言 | 若 | 有 | 衆 | 生 | 聞 | 是 |
| 故 | 說 | 此 | 言 | 若 | 有 | 衆 | 生 | 聞 | 是 |
| 故 | 說 | 此 | 言 | 若 | 有 | 衆 | 生 | 聞 | 是 |
| | | | | | | | | | |
| | | | | | | | | | |
| | | | | | | | | | |
| | | | | | | | | | |
| | | | | | | | | | |
| | | | | | | | | | |

▶ 若有衆生 聞是說者(약유중생 문시설자) : 어떤 중생들이 있으면 마땅히.

| 說 | 者 | 應 | 當 | 發 | 願 | 生 | 彼 | 國 | 土 |
|---|---|---|---|---|---|---|---|---|---|
| 말씀 **설** | 사람 **자** | 응할 **응** | 마땅할 **당** | 필 **발** | 원할 **원** | 날 **생** | 저 **피** | 나라 **국** | 흙 **토** |
| 言 14획 | 老 9획 | 心 17획 | 田 13획 | 癶 12획 | 頁 19획 | 生 5획 | 彳 8획 | 口 11획 | 土 3획 |
| 說 | 者 | 應 | 當 | 發 | 願 | 生 | 彼 | 國 | 土 |
| 說 | 者 | 應 | 當 | 發 | 願 | 生 | 彼 | 國 | 土 |
| 說 | 者 | 應 | 當 | 發 | 願 | 生 | 彼 | 國 | 土 |
| | | | | | | | | | |
| | | | | | | | | | |
| | | | | | | | | | |
| | | | | | | | | | |
| | | | | | | | | | |
| | | | | | | | | | |

▶ **應當發願 生彼國土**(응당발원 생피국토) : 서원을 세워 극락세계에 왕생하기를 발원해야 하느니라.

**아미타경(上) 사경 및 해설**( 독경 MP 3 다운로드)

2007년 11월 10일 초판 인쇄
2007년 11월 15일 초판 발행

편저자 : 정여스님
편 집 : 여여선원포교연구실
발행인 : 김상일
발행처 : 혜성출판사

디자인 : 홍경미
사 진 : 혜성PHOTO
인 쇄 : 대웅인쇄
출 력 : 다솔출력

주 소 : 서울시 동대문구 신설동 114-91 삼우빌딩 A동 205호
전 화 : 2233-4468, 팩 스 : 2253-6316
등록번호 : 제 5-597호

홈페이지 : www.hyesungbook.com
전자우편 : hyesungbook@hotmail.com
정 가 : 3,000원

책의 파본은 교환해 드립니다.
더욱 더 맑고 향기로운 책을 만들기 위해서 노력하겠습니다.
*MP 3 다운로드방법: 혜성출판사 인터넷 접속 후 홈페이지에서 다운받으세요.